श्रेष्ठ हिन्दी कहानियाँ : भाग दो

श्रेष्ठ हिन्दी कहानियाँ : भाग दो

मुम्बई विश्वविद्यालय बी.ए. प्रथम वर्ष के लिए पाठ्यपुस्तक

सम्पादन

हिन्दी अध्ययन मंडल

अध्यक्ष

डॉ. विष्णु सरवदे

प्रोफेसर एवं अध्यक्ष
हिन्दी विभाग
मुम्बई विश्वविद्यालय

सदस्य

डॉ. मनप्रीत कौर

अध्यक्ष, हिन्दी विभाग
गुरु नानक महाविद्यालय
गुरु तेग बहादुर नगर
सायन, मुम्बई

सदस्य

डॉ. अनिल ढवले

अध्यक्ष, हिन्दी विभाग
के.जी. जोशी कॉलेज ऑफ आर्ट्स
एण्ड
एन.जी. बेडेकर कॉलेज ऑफ कॉमर्स
ठाणे

वाणी प्रकाशन

पाठ्यक्रम समिति

डॉ. मनप्रीत कौर (समन्वयक)

डॉ. संगीता चित्रकोटी

डॉ. रमा सिंह

डॉ. हरीश अरोरा

डॉ. देवीदास बोर्डे

वाणी प्रकाशन

4695, 21-ए, दरियागंज, नयी दिल्ली 110 002

शाखा

अशोक राजपथ, पटना 800 004

फ़ोन : +91 11 23273167 फ़ैक्स : +91 11 23275710

www.vaniprakashan.in
vaniprakashan@gmail.com
sales@vaniprakashan.in

SHRESHTHA HINDI KAHANIYAN : BHAG DO
Edited by Hindi Adhyayan Mandal

ISBN : 978-93-5229-747-4

प्रथम संस्करण

मूल्य : ₹ 55

सिटी प्रेस, दिल्ली-110 095 में मुद्रित

वाणी प्रकाशन का लोगो मक़बूल फ़िदा हुसेन की कूची से

हिन्दी कहानी का विकास

कहानी गद्य साहित्य का अत्यन्त लोकप्रिय रूप है। विश्वभर के साहित्य में प्राचीन काल से ही कहानी की परम्परा के सूत्र खोजे जा सकते हैं। भारत में भी कथा-साहित्य की लम्बी और विकासमान परंपरा रही है। वेदों, उपनिषदों, बौद्धजातकों, पुराणों और महाभारत के अनेक प्रसंगों में विभिन्न कथाओं के सूत्र बिखरे हुए हैं। विशेष रूप से पंचतंत्र और हितोपदेश की कहानियाँ विश्व भर में प्रसिद्ध हैं। किन्तु गद्य की जिस विशिष्ट विधा को आधुनिक युग में 'कहानी' नाम दिया गया उसका स्वरूप प्राचीन भारतीय कथाओं से बिल्कुल भिन्न है। वस्तुतः आधुनिक कहानी अंग्रेजी की 'शॉर्ट स्टोरी' (और बांग्ला के 'गल्प') के प्रभाव से उपजी और विकसित हुई है।

हिन्दी कहानी का उद्भव और विकास बीसवीं शताब्दी की देन है। यद्यपि कुछ विद्वान राजा शिवप्रसाद सितारेहिंद की रचना 'राजा भोज का सपना', सैयद इंशा अल्लाखाँ की 'रानी केतकी की कहानी' और भारतेन्दु हरिश्चन्द्र की 'अद्भुत अपूर्व स्वप्न' आदि रचनाओं को हिन्दी की प्रारम्भिक कहानियाँ स्वीकार करते हैं लेकिन इन रचनाओं में आधुनिक कहानी के मूल तत्त्वों का अभाव है। सन् 1900 ई. में हिन्दी की महत्त्वपूर्ण साहित्यिक पत्रिका 'सरस्वती' का प्रकाशन हुआ तभी से हिन्दी कहानी की विकास-यात्रा प्रारम्भ हुई। 'सरस्वती' के साथ-साथ 'हिन्दी प्रदीप' तथा 'छत्तीसगढ़ मित्र' आदि पत्रिकाओं ने भी कहानी के विकास में महत्त्वपूर्ण योगदान दिया। 1900 ई. में 'सरस्वती' में किशोरीलाल गोस्वामी की कहानी 'इन्दुमती' का प्रकाशन हुआ, जिसे बहुत समय तक हिन्दी की पहली कहानी माना जाता रहा। बाद में इस कहानी पर शेक्सपियर की 'टेम्पेस्ट' का प्रभाव सिद्ध हो जाने के कारण इसकी मौलिकता पर प्रश्नचिह्न लग गया। लाला भगवानदीन की 'प्लेग की चुड़ैल' (1902), रामचन्द्र शुक्ल की 'ग्यारह वर्ष का समय' (1903), बंग महिला की 'दुलाई वाली', माधवराव सप्रे की 'एक टोकरी भर मिट्टी' तथा 'एक पथिक का स्वप्न' आदि हिन्दी की प्रारम्भिक कहानियाँ हैं। इसमें से पहली

मौलिक कहानी किसे माना जाए इस पर विद्वान एकमत नहीं हैं लेकिन इन सभी प्रारम्भिक कहानियों ने मिलकर हिन्दी कहानी के लिए ठोस भूमिका तैयार की।

'इन्दु' पत्रिका के प्रकाशन के साथ हिन्दी कहानी के विकास को गति मिली। 1911 में जयशंकर प्रसाद की कहानी 'ग्राम' इन्दु में प्रकाशित हुई। प्रसाद के साथ ही प्रेमचन्द तथा चन्द्रधर शर्मा 'गुलेरी' का कहानी जगत में प्रवेश हुआ। इन तीनों कहानीकारों ने हिन्दी कहानी को व्यवस्थित रूप दिया।

प्रेमचन्द का प्रवेश हिन्दी कहानी के लिए क्रान्तिकारी घटना सिद्ध हुई। सच्चे अर्थों में मुंशी प्रेमचन्द को हिन्दी कहानी का जनक और पोषक माना जा सकता है। प्रेमचन्द के अनुसार, "सबसे उत्तम कहानी वह होती है जिसका आधार किसी मनोवैज्ञानिक सत्य पर हो।" इसी विचार के अनुरूप उन्होंने घटनाओं के साथ-साथ चरित्रों की महत्-प्रतिष्ठा की। उन्होंने अपने पात्रों को यथार्थ की भावभूमि पर प्रस्तुत किया। मनुष्य को वास्तविक परिवेश के बीच उसकी समस्त शक्तियों और दुर्बलताओं के साथ अंकित किया। यथार्थ के धरातल पर स्थित होने के कारण इनकी कहानियों की भाषा शैली भी सरल, सहज, मुहावरेदार और प्रवाहपूर्ण है। प्रेमचन्द ने लगभग तीन सौ कहानियाँ लिखीं जो 'मानसरोवर' नाम से आठ खंडों में संकलित हैं। 'पंच परमेश्वर', 'बड़े घर की बेटी', 'मंत्र', 'मुक्ति मार्ग', 'दो बैलों की कथा', 'बूढ़ी काकी', 'शतरंज के खिलाड़ी', 'पूस की रात', 'कफन' आदि इनकी महत्त्वपूर्ण कहानियाँ हैं। हिन्दी कहानी को व्यवस्थित कर उसे प्रौढ़ रूप प्रदान करने वाले कहानीकार प्रेमचन्द के नाम पर ही इस युग की हिन्दी कहानी को 'प्रेमचन्द युग' के नाम से जाना जाता है।

जयशंकर प्रसाद ने 'ग्राम' कहानी के द्वारा हिन्दी कहानी में प्रवेश किया। प्रेमचन्द के समकालीन होने पर भी प्रसाद की कहानियाँ विषय और शिल्प के स्तर पर प्रेमचन्द से एकदम अलग हैं। प्रसाद की कहानियों में संस्कृति, इतिहास और परम्परा के स्वर प्रबल हैं। ये कहानियाँ भाव प्रधान हैं इनका मूल विषय राष्ट्रीयता, प्रेम, कर्तव्य, त्याग आदि आदर्श मूल्यों से जुड़ा हुआ है। प्रसाद की कहानियों में पात्रों के भीतर चलते अन्तर्द्वन्द्व का काव्यात्मक चित्रण हुआ है। विषय के अनुरूप उनकी भाषा भी परिष्कृत और संस्कृतनिष्ठ है। 'आकाशदीप', 'पुरस्कार', 'ममता', 'गुंडा', आदि उनकी प्रमुख कहानियाँ हैं।

चन्द्रधर शर्मा 'गुलेरी' ने 'बुद्धू का काँटा', 'सुखमय जीवन' और 'उसने कहा था' नामक तीन ही कहानियाँ लिखीं। कहानी के क्षेत्र में उनकी प्रसिद्धि का आधार 'उसने कहा था' रही है। यह गुलेरी जी की ही नहीं हिन्दी की भी अत्यन्त मार्मिक, प्रभावशाली और लोकप्रिय कहानी मानी जाती है।

इस युग में प्रेमचन्द की यथार्थवादी सामाजिक दृष्टि लेकर अनेक रचनाकार कहानी लेखन में प्रवृत्त हुए। विश्वम्भरनाथ शर्मा 'कौशिक' ने 'काकी', 'न्याय' आदि कहानियाँ लिखीं। सुदर्शन ने 'हार की जीत', 'सूरदास' आदि कहानियों द्वारा यथार्थोन्मुख आदर्शवादी कहानियों की परम्परा को आगे बढ़ाया। प्रेमचन्द की इस सुधारवादी और आदर्शवादी परम्परा के साथ-साथ आचार्य चतुरसेन और पांडेय बेचन शर्मा 'उग्र' ने सामाजिक कुप्रथाओं, रूढ़ियों और मृत परम्पराओं के विरुद्ध विद्रोह की कहानियाँ लिखीं। चतुरसेन की रचनाओं में 'दुखवा मैं कासे कहूँ मोरी सजनी' और 'दे खुदा की राह पर' कहानियों को काफी प्रसिद्धि मिली। उग्र की 'चाकलेट', 'गोली', 'जल्लाद' आदि कहानियाँ प्रसिद्ध हुईं।

प्रसाद की भावात्मक शैली पर चंडीप्रसाद हृदयेश, रायकृष्ण दास, विनोद शंकर व्यास आदि ने कहानियाँ लिखीं। वृंदावनलाल वर्मा की कहानियाँ सोद्देश्य तथा ऐतिहासिक हैं। प्रेमचन्द युग के अन्य प्रसिद्ध कहानीकार हैं—पारसनाथ त्रिपाठी, जिज्जा, ज्वालादत्त शर्मा, राधिकारमण सिंह आदि। समय के साथ-साथ हिन्दी कहानी के प्रकारों में भी विविधता आयी और चरित्र प्रधान, वातावरण प्रधान, कथानक प्रधान, कार्य प्रधान, प्रतीक सम्बन्धी, हास्य प्रधान आदि अनेक प्रकार की कहानियाँ लिखी गयीं। शैली की दृष्टि से भी वर्णनात्मक, सम्भाषणात्मक, पत्र, डायरी आदि विविध विधियाँ अपनाई गयीं।

प्रेमचन्द युग के बाद हिन्दी कहानी अनेक नवीन धरातलों पर विकसित हुई। हिन्दी कहानी लेखन पर रूस की मार्क्सवादी विचारधारा तथा फ्रायड के यौन सिद्धान्त का भी व्यापक प्रभाव पड़ा। प्रेमचन्द के पश्चात् हिन्दी कहानी में नयी दृष्टि और सशक्त शिल्प लेकर आने वाले लेखक हैं—जैनेन्द्र। उनकी कहानियों में हृदय जगत की सूक्ष्म मनोवृत्तियों का विश्लेषण है। विचार उनकी कहानियों के केन्द्र में है और ऊपर से सीधी सपाट लगती भाषा मन के गूढ़ रहस्यों को खोलने में समर्थ है। 'एक रात', 'ध्रुव यात्रा, 'नीलम देश की राजकन्या' आदि इनके प्रमुख कहानी-संग्रह हैं।

जैनेन्द्र के समान ही मनोवैज्ञानिक कहानियाँ लिखने वाले महत्त्वपूर्ण रचनाकार हैं—अज्ञेय और इलाचन्द्र जोशी। अज्ञेय की कहानियाँ चरित्र प्रधान हैं और उनमें जीवन के बाह्य संघर्ष की अपेक्षा अन्तःसंघर्ष का चित्रण मनोवैज्ञानिक ढंग से किया गया है। 'खेल', 'कड़ियाँ', 'प्रतिध्वनियाँ', 'रोज', 'शरणदाता', आदि उनकी विख्यात कहानियाँ हैं। इलाचन्द्र जोशी की कहानियाँ मनोविश्लेषणवाद से प्रभावित हैं।

यशपाल प्रगतिवादी विचारधारा से प्रभावित होकर लिखने वाले महत्त्वपूर्ण कहानीकार हैं। इनकी कहानियाँ सामाजिक यथार्थ से जुड़ी हुई हैं। उन्होंने समाज

की सभी समस्याओं का केन्द्र आर्थिक परिवेश को माना है। यशपाल की कहानियाँ रूढ़िग्रस्त समाज के खोखलेपन को उजागर करती हैं। 'प्रतिष्ठा का बोझ', 'पुलिस की दफा', 'सुख-दुख', 'पराया सुख', 'परदा' आदि इनकी महत्त्वपूर्ण कहानियाँ हैं।

यशपाल के अतिरिक्त मन्मथनाथ गुप्त, रांगेय राघव, भैरवप्रसाद गुप्त, नागार्जुन, अमृतराय, चन्द्रगुप्त विद्यालंकार, विष्णु प्रभाकर आदि कहानीकारों ने भी सामाजिक सोद्देश्यता को अपनी कहानियों में व्यक्त किया। रांगेय राघव की कहानियाँ जीवन के गहरे अनुभवों से जुड़ी हैं। अमृतराय ने मध्यवर्ग की कुंठाओं का चित्रण किया है। चन्द्रगुप्त विद्यालंकार की कहानियों में कथ्य और शिल्प की ताजगी है। विष्णु प्रभाकर ने समसामयिक पारिवारिक-सामाजिक जीवन को लेकर कहानियाँ लिखीं।

सन् 1950 के लगभग हिन्दी कहानी में नयी प्रवृत्तियों और शिल्प विधाओं का उदय हुआ। वस्तुतः स्वतन्त्रता के बाद भारत की राजनीतिक और सामाजिक स्थितियों में जो परिवर्तन आये उन्होंने वैचारिक स्तर पर भी युवा कथाकारों को झकझोरा। 'नयी कहानी' नाम से जिस आन्दोलन की शुरुआत हुई उसने शाश्वत मूल्यों की अपेक्षा अनुभव की प्रामाणिकता पर अधिक बल दिया। नये कहानीकारों में मोहन राकेश, कमलेश्वर, निर्मल वर्मा, राजेन्द्र यादव, भीष्म साहनी, धर्मवीर भारती और अमरकांत आदि ने महानगरों के जीवन को अपना कथ्य बनाया। विघटित होते सामाजिक और पारिवारिक मूल्य, सम्बन्धों के बदलते स्वरूप और उसके कारण व्यक्ति का अकेलापन, टूटन और त्रास इनकी कहानियों में उद्घाटित हुए। मार्कण्डेय, फणीश्वरनाथ रेणु, शिवप्रसाद सिंह ने ग्रामीण जीवन के अनुभवों की सुन्दर कहानियाँ लिखीं।

नयी कहानी और उसके बाद के कहानी आन्दोलनों में महिला लेखिकाओं ने भी महत्त्वपूर्ण योगदान दिया है। मन्नू भंडारी, कृष्णा सोबती, शिवानी, उषा प्रियंवदा, ममता कालिया, मेहरुन्निसा परवेज, चित्रा मुद्गल, नासिरा शर्मा, मृदुला गर्ग, मैत्रेयी पुष्पा, चन्द्रकान्ता आदि अनेक लेखिकाओं ने नारी जीवन को केन्द्र बनाकर समकालीन समाज के जटिल यथार्थ को अभिव्यक्त किया। स्त्री की परम्परागत छवि के विपरीत इनकी कहानियों में स्वाधीनता के लिए संघर्ष करती, अपनी स्वतन्त्र पहचान स्थापित करती आत्मनिर्भर नारी की सशक्त छवि उभरी है, स्त्री जीवन की समस्याओं के अंकन के साथ-साथ समाज में व्याप्त विसंगतियों को भी इन लेखिकाओं ने स्वर दिया है।

'नयी कहानी' के बाद हिन्दी कहानी निरन्तर नयी दिशाओं में विकसित होती रही है। नयी कहानी ने यथार्थ की अभिव्यक्ति और अनुभूति की ईमानदारी पर

बहुत बल दिया था। उसके बाद भी यथार्थ की अनेक परतें कहानियों में खुलती रहीं। बहुत-से कथा-आन्दोलन एक विशेष दृष्टि के आग्रह से जीवनगत यथार्थ को अंकित करने में संलग्न रहे। 'अकहानी', 'समान्तर कहानी', 'सचेतन कहानी', 'जनवादी कहानी'—इन सभी कहानी आन्दोलनों ने कहानी के विकास में अपनी भूमिका निभाई और फिर समय के धुँधलके में खो गये। नयी कहानी के बाद कोई एक विशेष प्रवृत्ति केन्द्र बनकर सभी रचनाकारों को एक सूत्र में बाँधे रही हो ऐसा नहीं हुआ।

अलग-अलग रचनाकारों का अपना विशिष्ट स्वर है। नेहरू युग के बाद का मोहभंग कहानी को बाह्य यथार्थ की अपेक्षा मनःस्थिति पर अधिक केन्द्रित करता रहा है। भविष्य की कोई स्पष्ट निर्दिष्ट राह सामने नहीं रही। उस पूरे युग यथार्थ के प्रति ऊब, निराशा और घुटन की अभिव्यक्ति ज्ञानरंजन, दूधनाथ सिंह, काशीनाथ सिंह, गंगाप्रसाद विमल, रवीन्द्र कालिया आदि रचनाकारों की कहानियों में हुई। दूसरी ओर उसी समय में हरिशंकर परसाई, सर्वेश्वर दयाल सक्सेना, असगर वजाहत आदि की प्रतिबद्ध व्यंग्यपरक रचनाएँ भी सामने आयीं।

बदलते समय के साथ-साथ समस्याएँ भी बदल रही हैं। राजनीति, व्यवस्था के सभी रूपों पर हावी होकर उसे भीतर से खोखला कर रही है। समाजवाद के अन्त तथा भूमंडलीकरण के नाम पर एकध्रुवी होती दुनिया में पूँजीवाद का नया संकट उठ खड़ा हुआ है। मीडिया की ताकत का बोलबाला है और उसके सामने व्यक्ति-अस्मिता संकटग्रस्त हो रही है। उत्तर-आधुनिक समाज की सच्चाइयों ने कहानी के स्थापित ढाँचे में—उसके कथ्य और शिल्प में बहुत से परिवर्तन किये। इनके अतिरिक्त स्त्री-विमर्श और दलित-विमर्श के मुद्दे भी जोर-शोर से उठाए गये हैं। कहानीकारों की एक लम्बी पंक्ति अपने-अपने दृष्टिबोध के साथ इन सभी स्थितियों की ओर ध्यान आकृष्ट कर रही है। जहाँ तक आज की कहानी की स्थिति और गति का सवाल है वहाँ यह निश्चित रूप से कहा जा सकता है कि कहानी उत्तरोत्तर विकास कर रही है और सामाजिक ढाँचे के प्रति आलोचना एवं आत्मविश्लेषण की दृष्टि पैदा कर साहित्य और समाज दोनों में अपनी सक्रिय भूमिका निभा रही है। आज के विशिष्ट कहानीकारों में बहुत-से नाम उल्लेखनीय हैं—उदय प्रकाश, अब्दुल बिस्मिल्लाह, शिवमूर्ति, सृंजय, संजीव, संजय खाती, सतीश जमाली, धीरेन्द्र अस्थाना, स्वयं प्रकाश, अरुण प्रकाश, अलका सरावगी, गीतांजलि श्री, जया जादवानी, ओमप्रकाश वाल्मीकि, अजय नावरिया आदि। हिंदी कहानी आज भी कथ्य और शिल्प के नये प्रतिमान रचते हुए विकास की अनेक दिशाओं में आगे बढ़ रही है।

अन्त में बस इतना ही कहना चाहेंगे कि मानव मन का विकास कहानी की उँगली थामकर होता है। कहानियाँ न सिर्फ हमारा संस्कार करती हैं बल्कि अनुभूतियों के स्तर पर समृद्ध भी करती हैं। पिछली एक सदी में भारतीय जनमानस का विकास और उसका रुचि परिष्करण जिस तरह से हुआ उसकी प्रमाणिक झलक इस संग्रह में दिखाई पड़ती है। आदर्श यथार्थ, कल्पना, नैतिकता, प्रेम, जिजीविषा और व्यंग्य इन सभी भावभूमियों पर यह संग्रह खरा उतरता है। कहानियों का चयन रचनाकारों की प्रवृत्ति के साथ कथानक के वैविध्य और उसके शिल्पगत वैशिष्ट्य को ध्यान में रखकर किया गया है। अध्ययन मंडल का प्रयास रहा है कि इस संग्रह से बीसवीं सदी की हिन्दी कहानी का सही चित्र स्पष्ट हो सके। इन सभी कहानीकारों के प्रति हम हार्दिक आभार प्रकट करना चाहते हैं जिन्होंने इस संग्रह में अपनी रचनाओं के प्रकाशन की अनुमति प्रदान की है।

–हिन्दी अध्ययन मंडल

अनुक्रम

उषा प्रियंवदा

उषा प्रियंवदा का जन्म 24 दिसम्बर 1930 को कानपुर में हुआ। उषा प्रियंवदा ने इलाहाबाद विश्वविद्यालय से अंग्रेजी साहित्य में एम.ए. किया। यहीं से उषाजी ने अपनी डी.फिलू. भी पूरी की। कुछ दिनों तक इलाहाबाद विश्वविद्यालय में अध्यापन कार्य किया। आजकल वे अमरीका के विस्कांसिन विश्वविद्यालय के दक्षिण एशियाई विभाग में मानद प्रोफेसर के तौर पर कार्यरत हैं।

नयी कहानी के बाद हिन्दी कहानी की विषय-वस्तु में जो यथार्थवाद दिखाई देता है, उषाजी की कहानी 'वापसी' उसका प्रतिनिधित्व करती है। कहानी में गजाधर बाबू का एकाकीपन बिना किसी भावुकतावाद के प्रस्तुत किया गया है। डॉ. विश्वनाथ त्रिपाठी के अनुसार 'वापसी' निहायत निर्मम ढंग से यह दिखाती है कि सेवानिवृत्त होकर मनुष्य अपने ही परिवार में किस तरह फालतू हो जाता है। 'वापसी' कहानी में टूटते हुए संयुक्त परिवार की विवश स्वीकृति है।

'जिन्दगी और गुलाब के फूल', 'कितना बड़ा झूठ', 'कोई एक दूसरा', 'मेरी प्रिय कहानियाँ', उनके महत्त्वपूर्ण कहानी संग्रह हैं। 'पचपन खम्भे लाल दीवारें', 'रुकोगी नहीं राधिका', 'शेष यात्रा', 'अन्तर्वंशी' उषाजी के महत्त्वपूर्ण उपन्यास हैं।

वापसी

उषा प्रियंवदा

गजाधर बाबू ने कमरे में जमा सामान पर एक नज़र दौड़ाई—दो बक्स, डोलची, बाल्टी—"यह डिब्बा कैसा है गनेशी?" उन्होंने पूछा। गनेशी बिस्तर बाँधता हुआ, कुछ गर्व, कुछ दुःख, कुछ लज्जा से बोला, "घर वाली ने साथ को कुछ बेसन के लड्डू रख दिये हैं। कहा, बाबूजी को पसन्द थे, अब कहाँ हम ग़रीब लोग आपकी कुछ ख़ातिर कर पायेंगे!" घर जाने की ख़ुशी में भी गजाधर बाबू ने एक विषाद का अनुभव किया जैसे एक परिचित, स्नेही, आदरमय, सहज संसार से उनका नाता टूट रहा था।

"कभी-कभी हम लोगों की भी ख़बर लेते रहियेगा।" गनेशी बिस्तर में रस्सी बाँधता हुआ बोला।

"कभी कुछ ज़रूरत हो तो लिखना गनेशी। इस अगहन तक बिटिया की शादी कर दो।"

गनेशी ने अँगोछे के छोर से आँखें पोंछीं, "अब आप लोग सहारा न देंगे, तो कौन देगा! आप यहाँ रहते तो शादी में कुछ हौसला रहता।"

गजाधर बाबू चलने को तैयार बैठे थे। रेलवे क्वार्टर का वह कमरा, जिसमें उन्होंने कितने ही वर्ष बिताए थे, उनका सामान हट जाने से कुरूप और नग्न लग रहा था। आँगन में रोपे पौधे भी जान-पहचान के लोग ले गये थे, और जगह-जगह मिट्टी बिखरी हुई थी। पर पत्नी बाल-बच्चों के साथ रहने की कल्पना में यह बिछोह एक दुर्बल लहर की तरह उठ कर विलीन हो गया।

गजाधर बाबू ख़ुश थे, बहुत ख़ुश। पैंतीस साल की नौकरी के बाद वह रिटायर हो कर जा रहे थे। इन वर्षों में अधिकांश समय उन्होंने अकेले रह कर काटा था। इन अकेले क्षणों में उन्होंने इसी समय की कल्पना की थी, जब वह अपने परिवार के साथ रह सकेंगे। इसी आशा के सहारे वह अपने अभाव का बोझ ढो रहे थे। संसार की दृष्टि में उनका जीवन सफल कहा जा सकता था।

उन्होंने शहर में एक मकान बनवा लिया था, बड़े लड़के अमर और लड़की कान्ति की शादियाँ कर दी थीं, दो बच्चे ऊँची कक्षाओं में पढ़ रहे थे। गजाधर बाबू नौकरी के कारण प्रायः छोटे स्टेशनों पर रहे, और उनके बच्चे और पत्नी शहर में, जिससे पढ़ाई में बाधा न हो। गजाधर बाबू स्वभाव से बहुत स्नेही व्यक्ति थे और स्नेह के आकांक्षी भी। जब परिवार साथ था, ड्यूटी से लौट कर बच्चों से हँसते-बोलते, पत्नी से कुछ मनोविनोद करते—उन सबके चले जाने से उनके जीवन में गहन सूनापन भर उठा। ख़ाली क्षणों में उनसे घर में टिका न जाता। कविप्रकृति के न होने पर भी, उन्हें पत्नी की स्नेहपूर्ण बातें याद रहतीं। दोपहर में, गरमी होने पर भी, दो बजे तक आग जलाये रहती और उनके स्टेशन से वापस आने पर गरम-गरम रोटियाँ सेंकती—उनके खा चुकने और मना करने पर भी थोड़ा-सा कुछ और थाली में परोस देती, और बड़े प्यार से आग्रह करती। जब वह, थके-हारे बाहर से आते, तो उनकी आहट पा वह रसोई के द्वार पर निकल आती, और उनकी सलज्ज आँखें मुस्करा उठतीं। गजाधर बाबू को तब हर छोटी बात भी याद आती और वह उदास हो उठते...अब कितने वर्षों बाद वह अवसर आया था जब वह फिर उसी स्नेह और आदर के मध्य रहने जा रहे थे।

टोपी उतार कर गजाधर बाबू ने चारपाई पर रख दी, जूते खोल कर नीचे खिसका दिये, अन्दर से रह-रह कर कहकहों की आवाज़ आ रही थी, इतवार का दिन था और उनके सब बच्चे इकट्ठे हो कर नाश्ता कर रहे थे। गजाधर बाबू के सूखे चेहरे पर स्निग्ध मुस्कान आ गयी। उसी तरह मुस्कुराते हुए, वह बिना खाँसे अन्दर चले आये। उन्होंने देखा कि नरेन्द्र कमर पर हाथ रखे शायद गत रात्रि की फिल्म में देखे गये किसी नृत्य की नकल कर रहा था, और बसन्ती हँस-हँस कर दुहरी हो रही थी। अमर की बहू को अपने तन-बदन, आँचल या घूँघट का कोई होश न था और वह उन्मुक्त रूप से हँस रही थी। गजाधर बाबू को देखते ही नरेन्द्र धप से बैठ गया और चाय का प्याला उठा कर मुँह से लगा लिया। बहू को होश आया और उसने झट से माथा ढक लिया, केवल बसन्ती का शरीर रह-रह कर हँसी दबाने के प्रयत्न में हिलता रहा।

गजाधर बाबू ने मुस्कुराते हुए उन लोगों को देखा। फिर कहा, "क्यों नरेन्द्र, क्या नकल हो रही थी?" "कुछ नहीं बाबूजी।" नरेन्द्र ने सिटपिटा कर कहा। गजाधर बाबू ने चाहा था कि वह भी इस मनोविनोद में भाग लेते, पर उनके आते ही जैसे सब कुण्ठित हो चुप हो गये, उससे उनके मन में थोड़ी-सी खिन्नता उपज आयी। बैठते हुए बोले, "बसन्ती, चाय मुझे भी देना। तुम्हारी अम्माँ की पूजा अभी चल रही है क्या?" बसन्ती ने माँ की कोठरी की ओर देखा, "अभी

आती ही होंगी," और प्याले में उनके लिए चाय छानने लगी। बहू चुपचाप पहले ही चली गयी थी, अब नरेन्द्र भी चाय का आख़िरी घूँट पी कर उठ खड़ा हुआ, केवल बसन्ती, पिता के लिहाज़ में, चौके में बैठी माँ की राह देखने लगी। गजाधर बाबू ने एक घूँट चाय पी, फिर कहा, "बिट्टी—चाय तो फीकी है।"

"लाइये, चीनी और डाल दूँ।" बसन्ती बोली।

"रहने दो, तुम्हारी अम्माँ जब आयेंगी, तभी पी लूँगा।"

थोड़ी देर में उनकी पत्नी हाथ में अर्घ्य का लोटा लिए निकली और अशुद्ध स्तुति कहते हुए तुलसी में डाल दिया। उन्हें देखते ही बसन्ती भी उठ गयी। पत्नी ने आ कर गजाधर बाबू को देखा और कहा, "अरे, आप अकेले बैठे हैं—यह सब कहाँ गये?" गजाधर बाबू के मन में फाँस-सी करक उठी, "अपने-अपने काम में लग गये हैं—आख़िर बच्चे ही हैं।"

पत्नी आ कर चौके में बैठ गयी—उन्होंने नाक-भौं चढ़ा कर चारों ओर जूठे बर्तनों को देखा। फिर कहा, "सारे में जूठे बर्तन पड़े हैं। इस घर में धरम-करम कुछ नहीं। पूजा करके सीधे चौके में घुसो।" फिर उन्होंने नौकर को पुकारा, जब उत्तर न मिला तो एक बार और उच्च स्वर में, फिर पति की ओर देख कर बोली, "बहू ने भेजा होगा बाज़ार।" और एक लम्बी साँस ले कर चुप हो रहीं।

गजाधर बाबू बैठ कर चाय और नाश्ते का इन्तज़ार करते रहे। उन्हें अचानक ही गनेशी की याद आ गयी। रोज़ सुबह, पैसेंजर आने से पहले वह गर्म-गर्म पूरियाँ और जलेबी बनाता था। गजाधर बाबू जब तक उठ कर तैयार होते, उनके लिए जलेबियाँ और चाय ला कर रख देता था। चाय भी कितनी बढ़िया, काँच के गिलास में ऊपर तक भरी लबालब, पूरे ढाई चम्मच चीनी, और गाढ़ी मलाई। पैसेंजर भले ही रानीपुर लेट पहुँचे, गनेशी ने चाय पहुँचाने में कभी देर नहीं की। क्या मजाल कि कभी उससे कुछ कहना पड़े।

पत्नी का शिकायत-भरा स्वर सुन कर उनके विचारों में व्याघात पहुँचा। वह कह रही थी, सारा दिन इसी खिच-खिच में निकल जाता है। इसी गिरस्थी का धन्धा पीटते-पीटते उमर बीत गयी। कोई ज़रा हाथ भी नहीं बँटाता।

"बहू क्या किया करती हैं?" गजाधर बाबू ने पूछा।

"पड़ी रहती हैं। बसन्ती को तो, फिर कहो कि कॉलेज जाना होता है।"

गजाधर बाबू ने जोश में आ कर बसन्ती को आवाज़ दी। बसन्ती भाभी के कमरे से निकली तो गजाधर बाबू ने कहा, "बसन्ती, आज से शाम का खाना बनाने की ज़िम्मेदारी तुम पर है। सुबह का भोजन तुम्हारी भाभी बनायेंगी।"

बसन्ती मुँह लटका कर बोली, "बाबूजी, पढ़ना भी तो होता है।"

गजाधर बाबू ने बड़े प्यार से समझाया, "तुम सुबह पढ़ लिया करो। तुम्हारी माँ बूढ़ी हुई, उनके शरीर में अब वह शक्ति नहीं बची है। तुम हो, तुम्हारी भाभी हैं, दोनों को मिल कर काम में हाथ बँटाना चाहिए।"

बसन्ती चुप रह गयी। उसके जाने के बाद, उसकी माँ ने धीरे से कहा, "पढ़ने का तो बहाना है। कभी जी नहीं लगता, लगे कैसे? शीला से ही फुरसत नहीं, बड़े-बड़े लड़के हैं उस घर में, हर वक्त वहाँ घुसा रहना, मुझे नहीं सुहाता। मना करूँ तो सुनती नहीं।"

नाश्ता कर, गजाधर बाबू बैठक में चले गये। घर छोटा था और ऐसी व्यवस्था हो चुकी थी कि उसमें गजाधर बाबू के रहने के लिए कोई स्थान न बचा था। जैसे किसी मेहमान के लिए कुछ अस्थायी प्रबन्ध कर दिया जाता है, उसी प्रकार बैठक में कुर्सियों को दीवार से सटा कर बीच में गजाधर बाबू के लिए पतली-सी चारपाई डाल दी गयी थी—गजाधर बाबू उस कमरे में पड़े-पड़े, कभी-कभी अनायास ही, इस अस्थायित्व का अनुभव करने लगते। उन्हें याद हो आती उन रेलगाड़ियों की, जो आतीं और थोड़ी रुक कर किसी और लक्ष्य की ओर चली जातीं।

घर छोटा होने के कारण बैठक में ही अब अपना प्रबन्ध किया था। उनकी पत्नी के पास अन्दर एक छोटा कमरा अवश्य था, पर उसमें एक ओर अचारों के मर्तबान, दाल, चावल के कनस्तर और घी के डिब्बे से घिरा था—दूसरी ओर पुरानी रजाइयाँ, दरियों में लिपटी और रस्सी से बँधी रखी थीं, उसके पास एक बड़े-से टीन के बक्स में घर-भर के गरम कपड़े थे। बीच में एक अलगनी बँधी हुई थी, जिस पर प्रायः बसन्ती के कपड़े लापरवाही से पड़े रहते थे। वह भरसक उस कमरे में नहीं जाते थे। घर का दूसरा कमरा अमर और उसकी बहू के पास था तीसरा कमरा, जो सामने की ओर था, बैठक था। गजाधर बाबू के आने से पहले उसमें अमर की ससुराल से आया बेंत की तीन कुर्सियों का सेट पड़ा था, कुर्सियों पर नीली गद्दियाँ और बहू के हाथों के कढ़े कुशन थे।

जब कभी उनकी पत्नी को कोई लम्बी शिकायत करनी होती, तो अपनी चटाई बैठक में डाल पड़ जाती थी। तो वह एक दिन चटाई ले कर आ गयी। गजाधर बाबू ने घर-गृहस्थी की बातें छेड़ीं, वह घर का रवैया देख रहे थे। बहुत हलके-से उन्होंने कहा कि अब हाथ में पैसा कम रहेगा, कुछ ख़र्च कम होना चाहिए।

"सभी ख़र्च तो वाजिब-वाजिब हैं, किसका पेट काटूँ? यही जोड़-गाँठ करते-करते बूढ़ी हो गयी, न मन का पहना, न ओढ़ा।"

गजाधर बाबू ने आहत, विस्मित दृष्टि से पत्नी को देखा। उनसे अपनी हैसियत छिपी न थी। उनकी पत्नी तंगी का अनुभव कर उसका उल्लेख करती, यह स्वाभाविक था, लेकिन उनमें सहानुभूति का पूर्ण अभाव गजाधर बाबू को

बहुत खटका। उनसे यदि राय-बात की जाती कि प्रबन्ध कैसे हो, तो उन्हें चिन्ता कम, सन्तोष अधिक होता। लेकिन उनसे तो केवल शिकायत की जाती थी जैसे परिवार की सब परेशानियों के लिए वही ज़िम्मेदार थे।

"तुम्हें किस बात की कमी है अमर की माँ—घर में बहू है, लड़के-बच्चे हैं, सिर्फ़ रुपये से ही आदमी अमीर नहीं होता।" गजाधर बाबू ने कहा और कहने के साथ अनुभव किया, यह उनकी आन्तरिक अभिव्यक्ति थी ऐसी कि उनकी पत्नी नहीं समझ सकती। "हाँ, बड़ा सुख है न बहू से। आज रसोई करने गयी है, देखो क्या होता है," कह कर पत्नी ने आँखें मूँदीं, और सो गयी। गजाधर बाबू बैठे हुए पत्नी को देखते रह गये—यही थी क्या उनकी पत्नी जिसके हाथों के कोमल स्पर्श, जिसकी मुस्कान की याद में उन्होंने सम्पूर्ण जीवन काट दिया था?

उन्हें लगा कि वह लावण्यमयी युवती जीवन की राह में कहीं खो गयी और उसकी जगह आज जो स्त्री है, वह उनके मन और प्राणों के लिए नितान्त अपरिचिता है। गाढ़ी नींद में डूबी उनकी पत्नी का भारी-सा शरीर बहुत बेडौल और कुरूप लग रहा था, चेहरा श्रीहीन और रूखा था। गजाधर बाबू देर तक निस्संग दृष्टि से पत्नी को देखते रहे और फिर लेट कर छत की ओर ताकने लगे।

अन्दर कुछ गिरा और उनकी पत्नी हड़बड़ा कर उठ बैठीं, "लो बिल्ली ने कुछ गिरा दिया शायद," और वह अन्दर भागी, थोड़ी देर में लौट कर आयी तो उनका मुँह फूला हुआ था, "देखो बहू को, चौका खुला छोड़ आयी, बिल्ली ने दाल की पतीली गिरा दी। सभी तो खाने को हैं, अब क्या खिलाऊँगी?" वह साँस लेने को रुकीं और बोलीं, "एक तरकारी और चार पराँठे बनाने में सारा डिब्बा घी उँड़ेल कर रख दिया। ज़रा-सा दर्द नहीं है, कमाने वाला हाड़ तोड़े और यहाँ चीज़ें लुटें। मुझे तो मालूम था कि यह सब काम किसी के बस का नहीं है?"

गजाधर बाबू को लगा कि पत्नी कुछ और बोलेंगी तो उनके कान झनझना उठेंगे। होंठ भींच, करवट ले कर उन्होंने पत्नी की ओर पीठ कर ली।

रात का भोजन बसन्ती ने जान-बूझ कर ऐसा बनाया था कि कौर तक निगला न जा सके। गजाधर बाबू चुपचाप खा कर उठ गये, पर नरेन्द्र थाली सरका कर उठ खड़ा हुआ और बोला, "मैं ऐसा खाना नहीं खा सकता।"

बसन्ती तुनक कर बोली, "तो न खाओ, कौन तुम्हारी ख़ुशामद करता है।"

"तुमसे खाना बनाने को कहा किसने था?" नरेन्द्र चिल्लाया।

"बाबूजी ने।"

"बाबूजी को बैठे-बैठे यही सूझता है।"

बसन्ती को उठा कर माँ ने नरेन्द्र को मनाया और अपने हाथ से कुछ बना

कर खिलाया। गजाधर बाबू ने बाद में पत्नी से कहा, "इतनी बड़ी लड़की हो गयी और उसे खाना बनाने तक का शऊर नहीं आया।" "अरे आता सब कुछ है, करना नहीं चाहती," पत्नी ने उत्तर दिया। अगली शाम माँ को रसोई में देख, कपड़े बदल कर बसन्ती बाहर आयी तो बैठक से गजाधर बाबू ने टोक दिया, "कहाँ जा रही हो?"

"पड़ोस में, शीला के घर।" बसन्ती ने कहा।

"कोई ज़रूरत नहीं है, अन्दर जा कर पढ़ो।" गजाधर बाबू ने कड़े स्वर में कहा। कुछ देर अनिश्चित खड़ी रह कर बसन्ती अन्दर चली गयी। गजाधर बाबू शाम को रोज़ टहलने चले जाते थे, लौट कर आये तो पत्नी ने कहा, "क्या कह दिया बसन्ती से? शाम से मुँह लपेटे पड़ी है। खाना भी नहीं खाया।"

गजाधर बाबू खिन्न हो आये। पत्नी की बात का उन्होंने कुछ उत्तर नहीं दिया। उन्होंने मन में निश्चय कर लिया कि बसन्ती की शादी जल्दी ही कर देनी है। उस दिन के बाद बसन्ती पिता से बची-बची रहने लगी। जाना होता तो पिछवाड़े से जाती।

गजाधर बाबू ने दो-एक बार पत्नी से पूछा तो उत्तर मिला, "रूठी हुई है।" गजाधर बाबू को और रोष हुआ। लड़की के इतने मिजाज़, जाने को रोक दिया तो पिता से बोलेगी नहीं। फिर उनकी पत्नी ने ही सूचना दी कि अमर अलग रहने की सोच रहा है।

"क्यों?" गजाधर बाबू ने चकित हो कर पूछा।

पत्नी ने साफ़-साफ़ उत्तर नहीं दिया। अमर और उसकी बहू की शिकायतें बहुत थीं। उनका कहना था कि गजाधर बाबू हमेशा बैठक में ही पड़े रहते हैं, कोई आने-जाने वाला हो तो कहीं बैठाने की जगह नहीं। अमर को अब भी वह छोटा-सा समझते थे, और मौक़े-बेमौक़े टोक देते थे। बहू को काम करना पड़ता था और सास जब-तब फूहड़पन पर ताने देती रहती थी। "हमारे आने के पहले भी कभी ऐसी बात हुई थी?" गजाधर बाबू ने पूछा। पत्नी ने सिर हिला कर जताया कि नहीं। पहले अमर घर का मालिक बन कर रहता था—बहू को कोई रोक-टोक न थी, अमर के दोस्तों का प्रायः यहीं अड्डा जमा रहता था और अन्दर से नाश्ता-चाय तैयार हो कर जाता रहता था। बसन्ती को भी वही अच्छा लगता था।

गजाधर बाबू ने बहुत धीरे से कहा, "अमर से कहो, जल्दबाज़ी की कोई ज़रूरत नहीं है।"

अगले दिन वह सुबह घूम कर लौटे तो उन्होंने पाया कि बैठक में उनकी चारपाई नहीं है। अन्दर आ कर पूछने वाले ही थे कि उनकी दृष्टि रसोई के अन्दर बैठी पत्नी पर पड़ी। उन्होंने यह कहने को मुँह खोला कि बहू कहाँ है; पर कुछ याद कर चुप हो

गये। पत्नी की कोठरी में झाँका तो अचार, रज़ाइयों और कनस्तरों के मध्य अपनी चारपाई लगी पायी। गजाधर बाबू ने कोट उतारा और कहीं टाँगने को दीवार पर नज़र दौड़ायी, फिर उसे मोड़ कर अलगनी के कुछ कपड़े खिसका कर, एक किनारे टाँग दिया। कुछ खाये बिना ही चारपाई पर लेट गये। कुछ भी हो, तन आख़िरकार बूढ़ा ही था। सुबह-शाम कुछ दूर टहलने अवश्य चले जाते, पर आते-आते थक उठते थे। गजाधर बाबू को अपना बड़ा-सा, खुला हुआ क्वार्टर याद आ गया। निश्चिन्त जीवन, सुबह पैसेंजर ट्रेन आने पर स्टेशन की चहल-पहल, चिरपरिचित चेहरे और पटरी पर रेल के पहियों की खट-खट, जो उनके लिए मधुर संगीत की तरह था। तूफ़ान और डाक गाड़ी के इंजनों की चिंघाड़ उनकी अकेली रातों की साथी थी। सेठ रामजीमल की मिल के कुछ लोग कभी-कभी पास आ बैठते, वही उनका दायरा था, वही उनके साथी। वह जीवन अब उन्हें एक खोयी निधि-सा प्रतीत हुआ। उन्हें लगा कि वह ज़िन्दगी द्वारा ठगे गये हैं। उन्होंने जो कुछ चाहा, उसमें से उन्हें एक बूँद भी न मिली।

लेटे हुए वह घर के अन्दर से आते विविध स्वरों को सुनते रहे। बहू और सास की छोटी-सी झड़प, बालटी पर खुले नल की आवाज़, रसोई के बरतनों की खटपट और उसी में दो गौरैयों का वार्तालाप—और अचानक ही उन्होंने निश्चय कर लिया कि अब घर की किसी बात में दख़ल न देंगे। यदि गृहस्वामी के लिए पूरे घर में एक चारपाई की जगह यहीं है, तो यहीं पड़े रहेंगे। अगर कहीं और डाल दी गयी, तो वहाँ चले जायेंगे। यदि बच्चों के जीवन में उनके लिए कहीं स्थान नहीं, तो अपने ही घर में परदेसी की तरह पड़े रहेंगे...और उस दिन के बाद सचमुच गजाधर बाबू कुछ नहीं बोले। नरेन्द्र माँगने आया तो बिना कारण पूछे उसे रुपये दे दिये—बसन्ती काफ़ी अँधेरा हो जाने के बाद भी पड़ोस में रही तो उन्होंने कुछ नहीं कहा—पर उन्हें सबसे बड़ा ग़म यह था कि उनकी पत्नी ने भी उनमें कुछ परिवर्तन लक्ष्य नहीं किया। वह मन-ही-मन कितना भार ढो रहे हैं इससे वह अनजान ही बनी रहीं। बल्कि उन्हें पति के घर के मामले में हस्तक्षेप न करने के कारण शान्ति ही थी। कभी-कभी कह भी उठतीं, "ठीक ही है, आप बीच में न पड़ा कीजिए, बच्चे बड़े हो गये हैं, हमारा जो कर्तव्य था, कर रहे हैं। पढ़ा रहे हैं, शादी कर देंगे।"

गजाधर बाबू ने आहत दृष्टि से पत्नी को देखा। उन्होंने अनुभव किया कि वह पत्नी व बच्चों के लिए केवल धनोपार्जन के निमित्त मात्र हैं। जिस व्यक्ति के अस्तित्व से पत्नी माँग में सिन्दूर डालने की अधिकारिणी है, समाज में उसकी प्रतिष्ठा है, उसके सामने वह दो वक़्त भोजन की थाली रख देने से सारे कर्तव्यों से छुट्टी पा जाती हैं। वह घी और चीनी के डिब्बों में इतनी रमी हुई हैं कि अब

वही उनकी सम्पूर्ण दुनिया बन गयी है। गजाधर बाबू उनके जीवन के केन्द्र नहीं हो सकते, तो अब उनकी शादी के लिए भी उत्साह बुझ गया। किसी बात में हस्तक्षेप न करने के लिए निश्चय के बाद भी उनका अस्तित्व उस वातावरण का एक भाग न बन सका। उनकी उपस्थिति उस घर में ऐसी असंगत लगने लगी थी, जैसे सजी हुई बैठक में उनकी चारपाई थी। उनकी सारी ख़ुशी एक गहरी उदासीनता में डूब गयी।

इतने सब निश्चयों के बावजूद भी गजाधर बाबू एक दिन बीच में दख़ल दे बैठे। पत्नी स्वभावानुसार नौकर की शिकायत कर रही थीं, "कितना कामचोर है, बाज़ार की हर चीज़ में पैसा बचाता है, खाने बैठता है, तो खाता ही चला जाता है।" गजाधर बाबू को बराबर यह महसूस होता रहता था कि उनके घर का रहन-सहन और ख़र्च उनकी हैसियत से कहीं ज़्यादा है। पत्नी की बात सुन कर लगा कि नौकर का ख़र्च बिलकुल बेकार है; छोटा-मोटा काम है, घर में तीन मर्द हैं, कोई-न-कोई कर ही देगा; उन्होंने उसी दिन नौकर का हिसाब कर दिया। अमर दफ़्तर से आया तो नौकर को पुकारने लगा। अमर की बहू बोली, "बाबूजी ने नौकर छुड़ा दिया है।"

"क्यों?"

"कहते हैं ख़र्च बहुत है।"

यह वार्तालाप बहुत सीधा-सा था, पर जिस टोन में बहू बोली, गजाधर बाबू को खटक गया। उस दिन जी भारी होने के कारण गजाधर बाबू टहलने नहीं गये थे। आलस्य में, उठ कर बत्ती भी नहीं जलायी—इस बात से बेख़बर नरेन्द्र माँ से कहने लगा, "अम्माँ, तुम बाबूजी से कहतीं क्यों नहीं? बैठे-बिठाये कुछ नहीं तो नौकर ही छुड़ा दिया। अगर बाबूजी यह समझें कि मैं साइकिल पर गेहूँ रख आटा पिसाने जाऊँगा तो मुझसे यह नहीं होगा।" "हाँ अम्माँ",—बसन्ती का स्वर था, "मैं कॉलेज भी जाऊँ और लौट कर घर में झाड़ू भी लगाऊँ, यह मेरे बस की बात नहीं है।"

"बूढ़े आदमी हैं", अमर मुनमुनाया, "चुपचाप पड़े रहें। हर चीज़ में दख़ल क्यों देते हैं!" पत्नी ने बड़े व्यंग्य से कहा, "और कुछ नहीं सूझा तो तुम्हारी बहू को ही चौके में भेज दिया। वह गयी तो पन्द्रह दिन का राशन पाँच दिन में बना कर रख दिया।" बहू कुछ कहे, इससे पहले वह चौके में घुस गयीं। कुछ देर में अपनी कोठरी में आयीं और बिजली जलायी तो गजाधर बाबू को लेटे देख बड़ी सिटपिटायी। गजाधर बाबू की मुखमुद्रा से वह उनके भावों का अनुमान न लगा सकीं। वह चुप, आँखें बन्द किये लेटे रहे।

गजाधर बाबू चिट्ठी हाथ में लिए अन्दर आये और पत्नी को पुकारा। वह

भीगे हाथ लिए निकलीं और आँचल से पोंछती हुई पास आ खड़ी हुईं। गजाधर बाबू ने बिना किसी भूमिका के कहा, "मुझे सेठ रामजीमल की चीनी-मिल में नौकरी मिल गयी है। ख़ाली बैठे रहने से तो चार पैसे घर में आयें, वही अच्छा है। उन्होंने तो पहले ही क़हा था, मैंने मना कर दिया था।" फिर कुछ रुक कर, जैसे बुझी हुई आग में एक चिनगारी चमक उठे, उन्होंने धीमे स्वर में कहा, "मैंने सोचा था कि बरसों तुम सबसे अलग रहने के बाद, अवकाश पा कर परिवार के साथ रहूँगा। ख़ैर, परसों जाना है। तुम भी चलोगी?"

"मैं?" पत्नी ने सकपका कर कहा, "मैं चलूँगी तो यहाँ का क्या होगा? इतनी बड़ी गृहस्थी, फिर सयानी लड़की..."

बात बीच में काट गजाधर बाबू ने थके, हताश स्वर में कहा, "ठीक है, तुम यहीं रहो। मैंने तो ऐसे ही कहा था।" और गहरे मौन में डूब गये।

नरेन्द्र ने बड़ी तत्परता से बिस्तर बाँधा और रिक्शा बुला लाया। गजाधर बाबू का टिन का बक्सा और पतला-सा बिस्तर उस पर रख दिया गया। नाश्ते के लिए लड्डू और मठरी की डलिया हाथ में लिए गजाधर बाबू रिक्शे पर बैठ गये। एक दृष्टि उन्होंने अपने परिवार पर डाली और फिर दूसरी ओर देखने लगे और रिक्शा चल पड़ा। उनके जाने के बाद सब अन्दर लौट आये। बहू ने अमर से पूछा, "सिनेमा ले चलिएगा न?" बसन्ती ने उछल कर कहा, "भइया, हमें भी!"

गजाधर बाबू की पत्नी सीधे चौके में चली गयीं। बची हुई मठरियों को कटोरदान में रख कर अपने कमरे में लायीं और कनस्तरों के पास रख दिया, फिर बाहर आ कर कहा, "अरे नरेन्द्र, बाबूजी की चारपाई कमरे से निकाल दे। उसमें चलने तक की जगह नहीं है।"

मन्नू भण्डारी

मन्नू भण्डारी का जन्म भानपुरा (मध्यप्रदेश) में 3 अप्रैल 1931 को हुआ। एम. ए. तक शिक्षा पायी। लेखन-संस्कार पिता श्री सुखसम्पतराय भण्डारी से पैतृक दाय में मिला। वर्षों दिल्ली विश्वविद्यालय के मिरांडा हाउस में हिन्दी प्राध्यापिका के रूप में कार्य किया। विक्रम विश्वविद्यालय, उज्जैन में प्रेमचन्द सृजनपीठ की अध्यक्षा रहीं।

मन्नू भण्डारी हिन्दी की लोकप्रिय कथाकारों में से हैं। नौकरशाही में व्याप्त भ्रष्टाचार के बीच आम आदमी की पीड़ा और दर्द की गहराई को उद्घाटित करने वाले उनके उपन्यास 'महाभोज' (1979) पर आधारित नाटक अत्यधिक लोकप्रिय हुआ था। इसी प्रकार 'यही सच है' पर आधारित 'रजनीगंधा' नामक फिल्म अत्यन्त लोकप्रिय हुई थी और उसको 1974 की सर्वश्रेष्ठ फिल्म का पुरस्कार भी प्राप्त हुआ था। इसके अतिरिक्त उन्हें हिन्दी अकादमी, दिल्ली का शिखर सम्मान, बिहार सरकार, भारतीय भाषा परिषद्, कोलकाता, राजस्थान संगीत नाटक अकादमी, व्यास सम्मान और उत्तर प्रदेश हिन्दी संस्थान द्वारा पुरस्कृत किया गया है।

कृतियाँ

उपन्यास : महाभोज, आपका बंटी, स्वामी, एक इंच मुस्कान (राजेन्द्र यादव के साथ), कलवा।

कहानी-संग्रह : एक प्लेट सैलाब, मैं हार गयी, तीन निगाहों की एक तस्वीर, यही सच है, त्रिशंकु, श्रेष्ठ कहानियाँ, आँखों देखा झूठ।

नाटक : बिना दीवारों के घर।

अकेली

मन्नू भण्डारी

सोमा बुआ बुढ़िया है।

सोमा बुआ परित्यक्ता है।

सोमा बुआ अकेली है।

सोमा बुआ का जवान बेटा क्या जाता रहा, उनकी जवानी चली गयी। पति को पुत्र-वियोग का ऐसा सदमा लगा कि वह पत्नी, घर-बार तजकर तीर्थवासी हुए और परिवार में कोई ऐसा सदस्य नहीं था जो उनके एकाकीपन को दूर करता। पिछले बीस वर्षों से उनके जीवन की इस एकरसता में किसी प्रकार का कोई व्यवधान उपस्थित नहीं हुआ, कोई परिवर्तन नहीं आया। यों हर साल एक महीने के लिए उनके पति उनके पास आकर रहते थे, पर कभी उन्होंने पति की प्रतीक्षा नहीं की, उनकी राह में आँखें नहीं बिछायीं। जब तक पति रहते, उनका मन और भी मुरझाया हुआ रहता, क्योंकि पति के स्नेहहीन व्यवहार का अंकुश उनके रोजमर्रा के जीवन की अबाध गति से बहती स्वच्छन्द धारा को कुण्ठित कर देता। उस समय उनका घूमना-फिरना, मिलना-जुलना बन्द हो जाता, और संन्यासीजी महाराज से यह भी नहीं होता कि दो मीठे बोल बोलकर सोमा बुआ को एक ऐसा सम्बल ही पकड़ा दें, जिसका आसरा लेकर वे उनके वियोग के ग्यारह महीने काट दें। इस स्थिति में बुआ को अपनी जिन्दगी पास-पड़ोसवालों के भरोसे ही काटनी पड़ती थी। किसी के घर मुण्डन हो, छठी हो, जनेऊ हो, शादी हो या गमी, बुआ पहुँच जाती और फिर छाती फाड़कर काम करतीं, मानो वे दूसरे के घर में नहीं, अपने ही घर में काम कर रही हों।

आजकल सोमा बुआ के पति आये हैं, और अभी-अभी कुछ कहा-सुनी होकर चुकी है। बुआ आँगन में बैठी धूप खा रही हैं, पास रखी कटोरी से तेल लेकर हाथों में मल रही हैं, और बड़बड़ा रही हैं। इस एक महीने में अन्य अवयवों के शिथिल हो जाने के कारण उनकी जीभ ही सबसे अधिक सजीव

और सक्रिय हो उठती है। तभी हाथ में एक फटी साड़ी और पापड़ लेकर ऊपर से राधा भाभी उतरीं। "क्या हो गया बुआ, क्यों बड़बड़ा रही हो? फिर संन्यासीजी महाराज ने कुछ कह दिया क्या?" "अरे, मैं कहीं चली जाऊँ सो इन्हें नहीं सुहाता। कल चौकवाले किशोरीलाल के बेटे का मुण्डन था, सारी बिरादरी का न्यौता था। मैं तो जानती थी कि ये पैसे का गरूर है कि मुण्डन पर सारी बिरादरी को न्यौता है, पर काम उन नयी-नवेली बहुओं से सँभलेगा नहीं, सो जल्दी ही चली गयी। हुआ भी वही।" और सरककर बुआ ने राधा के हाथ से पापड़ लेकर सुखाने शुरू कर दिये। "एक काम गत से नहीं हो रहा था। अब घर में कोई बड़ा-बूढ़ा हो तो बतावे, या कभी किया हो तो जानें। गीतवाली औरतें मुण्डन पर बन्ना-बन्नी गा रही थीं। मेरा तो हँसते-हँसते पेट फूल गया।" और उसकी याद से ही कुछ देर पहले का दुःख और आक्रोश धुल गया। अपने सहज स्वाभाविक रूप में वे कहने लगीं, "भट्टी पर देखो तो अजब तमाशा—समोसे कच्चे ही उतार दिये और इतने बना दिये कि दो बार खिला दो, और गुलाबजामुन इतने कम कि एक पंगत में भी पूरे न पड़े। उसी समय मैदा सानकर नये गुलाबजामुन बनाये। दोनों बहुएँ और किशोरीलाल तो बेचारे इतना जस मान रहे थे कि क्या बताऊँ! कहने लगे, 'अम्माँ! तुम न होतीं तो आज भद्द उड़ जाती। अम्माँ! तुमने लाज रख ली!' मैंने तो कह दिया कि अरे, अपने ही काम नहीं आवेंगे तो कोई बाहर से तो आवेगा नहीं। यह तो आजकल इनका रोटी-पानी का काम रहता है, नहीं तो मैं सवेरे से ही चली आती!"

"तो संन्यासी महाराज क्यों बिगड़ पड़े? उन्हें तुम्हारा आना-जाना अच्छा नहीं लगता बुआ!"

"यों तो मैं कहीं आऊँ-जाऊँ सो ही इन्हें नहीं सुहाता, और फिर कल किशोरी के यहाँ से बुलावा नहीं आया। अरे, मैं तो कहूँ कि घरवालों का कैसा बुलावा! वे लोग तो मुझे अपनी माँ से कम नहीं समझते, नहीं तो कौन भला यों भट्टी और भण्डारघर सौंप दे। पर उन्हें अब कौन समझावे? कहने लगे, तू जबरदस्ती दूसरों के घर में टाँग अड़ाती फिरती है।" और एकाएक उन्हें उस क्रोध-भरी वाणी और कटु वचनों का स्मरण हो आया, जिनकी बौछार कुछ देर पहले ही उन पर होकर चुकी थी। याद आते ही फिर उनके आँसू बह चले।

"अरे, रोती क्यों हो बुआ? कहना-सुनना तो चलता ही रहता है। संन्यासीजी महाराज एक महीने को तो आकर रहते हैं, सुन लिया करो और क्या?"

"सुनने को तो सुनती ही हूँ, पर मन तो दुखता ही है कि एक महीने को

आते हैं तो भी कभी मीठे बोल नहीं बोलते। मेरा आना-जाना इन्हें सुहाता नहीं, सो तू ही बता राधा, ये तो साल में ग्यारह महीने हरिद्वार रहते हैं। इन्हें तो नाते-रिश्तेवालों से कुछ लेना-देना नहीं, पर मुझे तो सबसे निभाना पड़ता है। मैं भी सबसे तोड़-ताड़कर बैठ जाऊँ तो कैसे चले? मैं तो इनसे कहती हूँ कि जब पल्ला पकड़ा है तो अन्त समय में भी साथ रखो, सो तो इनसे होता नहीं। सारा धरम-करम ये ही लूटेंगे, सारा जस ये ही बटोरेंगे और मैं अकेली पड़ी-पड़ी यहाँ इनके नाम को रोया करूँ। उस पर से कहीं आऊँ-जाऊँ तो वह भी इनसे बर्दाश्त नहीं होता...” और बुआ फूट-फूटकर रो पड़ीं। राधा ने आश्वासन देते हुए कहा, “रोओ नहीं बुआ! अरे, वे तो इसलिए नाराज हुए कि बिना बुलाये तुम चली गयीं।”

“बेचारे इतने हंगामे में बुलाना भूल गये तो मैं भी मान करके बैठ जाती? फिर घरवालों का कैसा बुलाना? मैं तो अपनेपन की बात जानती हूँ। कोई प्रेम नहीं रखे तो दस बुलावे पर नहीं जाऊँ और प्रेम रखे तो बिना बुलाये भी सिर के बल जाऊँ। मेरा अपना हरखू होता और उसके घर काम होता तो क्या मैं बुलावे के भरोसे बैठी रहती? मेरे लिए जैसा हरखू वैसा किशोरीलाल! आज हरखू नहीं है, इसी से दूसरों को देख-देखकर मन भरमाती रहती हूँ।” और वे हिचकियाँ लेने लगीं।

सूखे पापड़ों को बटोरते-बटोरते स्वर को भरसक कोमल बनाकर राधा ने कहा, “तुम भी बुआ बात को कहाँ-से-कहाँ ले गयीं! लो, अब चुप होओ। पापड़ भूनकर लाती हूँ, खाकर बताना, कैसा है?” और वह साड़ी समेटकर ऊपर चढ़ गयी।

कोई सप्ताह-भर बाद बुआ बड़े प्रसन्न मन से आयीं और संन्यासीजी से बोलीं, “सुनते हो, देवरजी के ससुरालवालों की किसी लड़की का सम्बन्ध भागीरथजी के यहाँ हुआ है। वे सब लोग यहीं आकर ब्याह कर रहे हैं। देवरजी के बाद तो उन लोगों से कोई सम्बन्ध ही नहीं रहा, फिर भी हैं समधी ही। वे तो तुमको भी बुलाये बिना नहीं मानेंगे। समधी को आखिर कैसे छोड़ सकते हैं?” और बुआ पुलकित होकर हँस पड़ी। संन्यासीजी की मौन उपेक्षा से उनके मन को ठेस तो पहुँची, फिर भी वे प्रसन्न थीं। इधर-उधर जाकर वे इस विवाह की प्रगति की खबरें लातीं! आखिर एक दिन वे यह भी सुन आयीं कि उनके समधी यहाँ आ गये। जोर-शोर से तैयारियाँ हो रही हैं। सारी बिरादरी को दावत दी जायेगी—खूब रौनक होने वाली है। दोनों ही पैसेवाले ठहरे।

“क्या जाने हमारे घर तो बुलावा आयेगा या नहीं? देवरजी को मरे पच्चीस

बरस हो गये, उसके बाद से तो कोई सम्बन्ध ही नहीं रखा। रखे भी कौन? यह काम तो मर्दों का होता है, मैं तो मर्दवाली होकर भी बेमर्द की हूँ।" और एक ठण्डी साँस उनके दिल से निकल गयी।

"अरे, वाह बुआ! तुम्हारा नाम कैसे नहीं हो सकता! तुम तो समधिन ठहरीं। सम्बन्ध में न रहे, कोई रिश्ता थोड़े ही टूट जाता है!" दाल पीसती हुई घर की बड़ी बहू बोली। "है, बुआ, नाम है। मैं तो सारी लिस्ट देखकर आयी हूँ।" विधवा ननद बोली। बैठे-ही-बैठे एकदम आगे सरककर बुआ ने बड़े उत्साह से पूछा, "तू अपनी आँखों से देखकर आयी है नाम? नाम तो होना ही चाहिए। पर मैंने सोचा कि क्या जाने आजकल की फैशन में पुराने सम्बन्धियों को बुलाना हो, न हो।" और बुआ बिना दो पल भी रुके वहाँ से चल पड़ीं। अपने घर जाकर सीधे राधा भाभी के कमरे में चढ़ीं, "क्यों री राधा, तू तो जानती है कि नये फैशन में लड़की की शादी में क्या दिया जावे है? समधियों का मामला ठहरा, सो भी पैसेवाले। खाली हाथ जाऊँगी तो अच्छा नहीं लगेगा। मैं तो पुराने जमाने की ठहरी, तू ही बता दे, क्या दूँ? अब कुछ बनने का समय तो रहा नहीं, दो दिन बाकी हैं, सो कुछ बना-बनाया ही खरीद लाना।" "क्या देना चाहती हो अम्मा—जेवर, कपड़ा या शृंगारदान या कोई और चाँदी की चीजें?"

"मैं तो कुछ भी नहीं समूझँ, री। जो कुछ पास है, तुझे लाकर दे देती हूँ, जो तू ठीक समझे ले आना, बस भद्द नहीं उड़नी चाहिए! अच्छा, देखूँ पहले कि रुपये कितने हैं। और वे डगमगाते कदमों से नीचे आयीं। दो-तीन कपड़ों की गठरियाँ हटाकर एक छोटा-सा बक्स निकाला। बड़े जतन से उसे खोला—उसमें सात रुपये, कुछ रेजगारी पड़ी थी, और एक अँगूठी। बुआ का अनुमान था कि रुपये कुछ ज्यादा होंगे, पर जब सात ही रुपये निकले तो सोच में पड़ गयीं। रईस समधियों के घर में इतने-से रुपयों से तो बिन्दी भी नहीं लगेगी। उनकी नजर अँगूठी पर गयी। यह उनके मृत-पुत्र की एकमात्र निशानी उनके पास रह गयी थी। बड़े-बड़े आर्थिक संकटों के समय भी वे उस अँगूठी का मोह नहीं छोड़ सकी थीं। आज भी एक बार उसे उठाते समय उनका दिल धड़क गया। फिर भी उन्होंने पाँच रुपये और वह अँगूठी आँचल में बाँध ली। बक्स को बन्द किया और फिर ऊपर को चलीं। पर इस बार उनके मन का उत्साह कुछ ठण्डा पड़ गया था, और पैरों की गति शिथिल! राधा के पास जाकर बोलीं, "रुपये तो नहीं निकले बहू। आये भी कहाँ से, मेरे कौन कमानेवाला बैठा है? उस कोठरी का किराया आता है, उसमें तो दो समय की रोटी निकल जाती है जैसे-तैसे!" और वे रो पड़ीं। राधा ने कहा, "क्या करूँ बुआ, आजकल मेरा भी हाथ तंग है, नहीं

तो मैं ही दे देती। अरे, पर तुम देने के चक्कर में पड़ती ही क्यों हो? आजकल तो देने-लेने का रिवाज ही उठ गया।"

"नहीं रे राधा! समधियों का मामला ठहरा! पच्चीस बरस हो गये तो भी वे नहीं भूले, और मैं खाली हाथ जाऊँ? नहीं, नहीं, इससे तो न जाऊँ सो ही अच्छा!"

"तो जाओ ही मत। चलो छुट्टी हुई, इतने लोगों में किसे पता लगेगा कि आयी या नहीं।" राधा ने सारी समस्या का सीधा-सा हल बताते हुए कहा।

"बड़ा बुरा मानेंगे। सारे शहर के लोग जावेंगे, और मैं समधिन होकर नहीं जाऊँगी तो यही समझेंगे कि देवरजी मरे तो सम्बन्ध भी तोड़ लिया। नहीं, नहीं, तू यह अँगूठी बेच ही दे।" और उन्होंने आँचल की गाँठ खोलकर एक पुराने जमाने की अँगूठी राधा के हाथ पर रख दी। फिर बड़ी मिन्नत के स्वर में बोलीं, "तू तो बाजार जाती है राधा, इसे बेच देना और जो कुछ ठीक समझे खरीद लेना। बस, शोभा रह जावे इतना ख़याल रखना।"

गली में बुआ ने चूड़ीवाले की आवाज सुनी तो एकाएक ही उनकी नजर अपने हाथ की भद्दी-मटमैली चूड़ियों पर जाकर टिक गयी। कल समधियों के यहाँ जाना है, जेवर नहीं तो कम-से-कम काँच की चूड़ी तो अच्छी पहन ले। पर एक अत्यन्त लाज ने उनके कदमों को रोक दिया। कोई देख लेगा तो? लेकिन दूसरे क्षण ही अपनी इस कमजोरी पर विजय पाती-सी वे पीछे के दरवाज़े पर पहुँच गयीं और एक रुपया कलदार खर्च करके लाल-हरी चूड़ियों के बन्द पहन लिए। पर सारे दिन हाथों को साड़ी के आँचल से ढके-ढके फिरीं।

शाम को राधा भाभी ने बुआ को चाँदी की एक सिन्दूरदानी, एक साड़ी और एक ब्लाउज का कपड़ा लाकर दे दिया। सब कुछ देख पाकर बुआ बड़ी प्रसन्न हुईं, और यह सोच-सोचकर कि जब वे ये सब दे देंगी तो उनकी समधिन पुरानी बातों की दुहाई दे-देकर उनकी मिलनसारिता की कितनी प्रशंसा करेगी, उनका मन पुलकित होने लगा। अँगूठी बेचने का गम भी जाता रहा। पासवाले बनिये के यहाँ से एक आने का पीला रंग लाकर रात में उन्होंने साड़ी रँगी। शादी में सफेद साड़ी पहनकर जाना क्या अच्छा लगेगा? रात में सोयीं तो मन कल की ओर दौड़ रहा था।

दूसरे दिन नौ बजते-बजते खाने का काम समाप्त कर डाला। अपनी रँगी हुई साड़ी देखी तो कुछ जँची नहीं। फिर ऊपर राधा के पास पहुँचीं, "क्यों राधा, तू तो रँगी साड़ी पहनती है तो बड़ी आब रहती है, चमक रहती है, इसमें तो चमक आयी नहीं!"

"तुमने कलफ जो नहीं लगाया अम्माँ, थोड़ा-सा माँड दे देतीं तो अच्छा रहता। अभी दे लो, ठीक हो जायेगी। बुलावा कब का है?"

"अरे, नये फैशन वालों की मत पूछो, ऐन मौकों पर बुलावा आता है। पाँच बजे का मुहूरत है, दिन में कभी भी आ जावेगा।"

राधा भाभी मन-ही-मन मुस्करा उठी।

बुआ ने साड़ी में माँड लगाकर सुखा दिया। फिर एक नयी थाली निकाली, अपनी जवानी के दिनों में बुना हुआ क्रोशिये का एक छोटा-सा मेजपोश निकाला। थाली में साड़ी, सिन्दूरदानी, एक नारियल और थोड़े-से बताशे सजाये, फिर जाकर राधा को दिखाया। संन्यासी महाराज सवेरे से इस आयोजन को देख रहे थे, और उन्होंने कल से लेकर आज तक कोई पच्चीस बार चेतावनी दे दी थी कि यदि कोई बुलाने न आये तो चली मत जाना, नहीं तो ठीक नहीं होगा। हर बार बुआ ने बड़े ही विश्वास के साथ कहा, "मुझे क्या बावली समझ रखा है जो बिन बुलाये चली जाऊँगी? अरे वह पड़ोसवालों की नन्दा अपनी आँखों से बुलावे की लिस्ट में नाम देखकर आयी है। और बुलायेंगे क्यों नहीं? शहरवालों को बुलायेंगे और समधियों को नहीं बुलायेंगे क्या?"

तीन बजे के करीब बुआ को अनमने भाव से छत पर इधर-उधर घूमते देख राधा भाभी ने आवाज लगायी, "गयीं नहीं बुआ?"

एकाएक चौंकते हुए बुआ ने पूछा, "कितने बज गये राधा? ...क्या कहा, तीन? सरदी में तो दिन का पता नहीं लगता। बजे तीन ही हैं और धूप सारी छत पर से ऐसे सिमट गयी मानो शाम हो गयी।" फिर एकाएक जैसे ख़याल आया कि यह तो भाभी के प्रश्न का उत्तर नहीं हुआ, जरा ठण्डे स्वर में बोलीं, "मुहूरत तो पाँच बजे का है, जाऊँगी तो चार तक जाऊँगी, अभी तो तीन ही बजे हैं।" बड़ी सावधानी से उन्होंने स्वर में लापरवाही का पुट दिया। बुआ छत पर से गली में नजर फैलाये खड़ी थीं, उनके पीछे ही रस्सी पर धोती फैली हुई थी, जिसमें कलफ लगा था, और अबरक छिड़का हुआ था। अबरक के बिखरे हुए कण रह-रहकर धूप में चमक जाते थे, ठीक वैसे ही जैसे किसी को भी गली में घुसता देख बुआ का चेहरा चमक उठता था।

सात बजे के धुँधलके में राधा ने ऊपर से देखा तो छत की दीवार से सटी, गली की ओर मुँह किये एक छाया-मूर्ति दिखायी दी। उसका मन भर आया। बिना कुछ पूछे इतना ही कहा, "बुआ! सर्दी में खड़ी-खड़ी यहाँ क्या कर रही हो? आज खाना नहीं बनेगा क्या, सात तो बज गये। "जैसे एकाएक नींद में से जागते हुए बुआ ने पूछा, "क्या कहा सात बज गये?" फिर जैसे अपने से ही

बोलते हुए पूछा, "पर सात कैसे बज सकते हैं, मुहूरत तो पाँच बजे का था!" और फिर एकाएक ही सारी स्थिति को समझते हुए, स्वर को भरसक संयत बनाकर बोलीं, "अरे, खाने का क्या है, अभी बना लूँगी। दो जनों का तो खाना है, क्या खाना और क्या पकाना!"

फिर उन्होंने सूखी साड़ी को उतारा। नीचे जाकर अच्छी तरह उसकी तह की, धीरे-धीरे हाथों की चूड़ियाँ खोलीं, थाली में सजाया हुआ सारा सामान उठाया और सारी चीजें बड़े जतन से अपने एकमात्र सन्दूक में रख दीं। और फिर बड़े ही बुझे हुए दिल से अँगीठी जलाने लगीं।

कृष्णा सोबती

कृष्णा सोबती हिन्दी साहित्य में अपनी कहानियों और उपन्यासों के लिए जानी जाती हैं। इनका जन्म 18 फरवरी 1925 में गुज़रात (पाकिस्तान) में हुआ। उन्होंने हिन्दी की कथा भाषा को एक विलक्षण ताज़गी दी है। भारत विभाजन की पीड़ा से वह वंचित न रह सकीं जिसका इज़हार उन्होंने प्रस्तुत कहानी 'सिक्का बदल गया' में किया है। उनकी कहानियाँ कथ्य और शिल्प दोनों दृष्टियों से उनके रचनात्मक वैविध्य को रेखांकित करती हैं। कहना न होगा कि आज के बदलते परिवेश में भी इनकी कहानियों की प्रासंगिकता बनी हुई है।

कृतियाँ : डार से बिछुड़ी, मित्रों मरजानी, यारों के यार, तिन पहाड़, बादलों के घेरे, सूरजमुखी अन्धेरे के, ज़िन्दगीनामा, ऐ लड़की, दिलोदानिश, हम हशमत भाग एक तथा दो और समय सरगम तक उनकी कलम ने उत्तेजना, आलोचना विमर्श, सामाजिक और नैतिक बहसों की जो फ़िज़ा साहित्य में पैदा की है उसका स्पर्श पाठक लगातार महसूस करता रहा है। हाल ही में उनकी लम्बी कहानी ऐ लड़की का स्वीडन में मंचन हुआ।

पुरस्कार : साहित्य अकादेमी की महत्तर सदस्यता समेत कई राष्ट्रीय पुरस्कारों और अलंकरणों से शोभित कृष्णा सोबती ने पाठक को निज के प्रति सचेत और समाज के प्रति चैतन्य किया है। आपको हिन्दी अकादमी दिल्ली की ओर से वर्ष 2000-2001 के शलाका सम्मान से सम्मानित किया गया है।

सिक्का बदल गया

कृष्णा सोबती

खद्दर की चादर ओढ़े, हाथ में माला लिए शाहनी जब दरिया के किनारे पहुँची तो पौ फट रही थी। आसमान के परदे पर लालिमा फैलती जा रही थी। शाहनी ने कपड़े उतारकर एक ओर रखे और 'श्रीराम, श्रीराम' करती पानी में हो ली। अंजलि भरकर सूर्य देवता को नमस्कार किया, अपनी उनींदी आँखों पर छींटे दिये और पानी से लिपट गयी।

चनाब का पानी आज भी पहले-सा ही सर्द था, लहरें लहरों को चूम रही थीं। दूर काश्मीर की पहाड़ियों से बर्फ पिघल रही थी। उछल-उछल आते पानी के भँवरों से टकराकर कगारे गिर रहे थे, लेकिन दूर-दूर तक बिछी रेत आज न जाने क्यों ख़ामोश लगती थी। शाहनी ने कपड़े पहने, इधर-उधर देखा, कहीं किसी की परछाईं तक न थी। पर नीचे रेत में अगणित पाँवों के निशान थे। वह कुछ सहम-सी उठी।

आज इस प्रभात की मीठी नीरवता में न जाने क्यों कुछ भयावना-सा लग रहा है। वह पिछले पचास वर्षों से यहाँ नहाती आ रही है। कितना लम्बा अरसा है। शाहनी सोचती है, एक दिन इसी दरिया के किनारे वह दुल्हन बन कर उतरी थी। और आज...आज शाहजी नहीं, उसका वह पढ़ा-लिखा लड़का नहीं, आज वह अकेली है, शाहजी की लम्बी-चौड़ी हवेली में अकेली है। पर नहीं...यह क्या सोच रही है वह सवेरे-सवेरे। अभी भी दुनियादारी से मन नहीं फिरा उसका। शाहनी ने लम्बी साँस ली और 'श्रीराम, श्रीराम', करती बाजरे के खेतों से होती घर की राह ली। कहीं-कहीं लिपे-पुते आँगनों पर से धुआँ उठ रहा था। टन... टन-बैलों की घंटियाँ बज उठती हैं। फिर भी...फिर भी कुछ बँधा-बँधा-सा लग रहा है। 'जम्मीवाला' कुआँ भी आज नहीं चल रहा। ये शाहजी की ही असामियाँ हैं। शाहनी ने नज़र उठाई। यह मीलों फैले खेत अपने ही हैं। भरी-भराई नयी फसल को देखकर शाहनी किसी अपनत्व के मोह में भीग गयी। यह सब शाहजी

की बरकतें हैं। दूर-दूर गाँवों तक फैली हुई ज़मीनें, ज़मीनों में कुएँ—सब अपने हैं। साल में तीन फसल, ज़मीन तो सोना उगलती है। शाहनी कुएँ की ओर बढ़ी, आवाज़ दी, "शेरे, शेरे, हसैना हसैना...।"

शेरा शाहनी का स्वर पहचानता है। वह न पहचानेगा? अपनी माँ जैना के मरने के बाद वह शाहनी के पास ही पलकर बड़ा हुआ। उसने पास पड़ा गड़ासा 'शटाले' के ढेर के नीचे सरका दिया। हाथ में हुक्का पकड़कर बोला—"ऐहे-सैना-

सैना...।" शाहनी की आवाज़ उसे कैसे हिला गयी है। अभी तो वह सोच रहा था कि उस शाहनी की ऊँची हवेली की अँधेरी कोठरी में पड़ी सोने-चाँदी की सन्दूकचियाँ उठाकर...कि तभी "शेरे शेरे...।" शेरा गुस्से से भर गया। किस पर निकाले अपना क्रोध? शाहनी पर। चीखकर बोला—"ऐ मर गयीं एं...रब्ब तैनू मौत दे..."

हसैना आटे वाली कनाली एक ओर रख, जल्दी-जल्दी बाहर निकल आयी। "ऐ आयी आं—क्यों छावले (सुबह-सुबह) तड़पना एं?"

अब तक शाहनी नजदीक पहुँच चुकी थी। शेरे की तेज़ी सुन चुकी थी। प्यार से बोली, "हसैना, यह वक़्त लड़ने का है? वह पागल है तो तू ही जिगरा कर लिया कर।"

"जिगरा।" हसैना ने मान भरे स्वर में कहा—"शाहनी, लड़का आखिर लड़का ही है। कभी शेरे से भी पूछा है कि मुँह अँधेरे ही क्यों गालियाँ बरसाई हैं इसने?" शाहनी ने लाड़ से हसैना की पीठ पर हाथ फेरा, हँसकर बोली—"पगली मुझे तो लड़के से बहू प्यारी है। शेरे..."

"हाँ शेरनी।"

"मालूम होता है, रात को कुल्लूवाल के लोग आये हैं यहाँ?" शाहनी ने गम्भीर स्वर में कहा।

शेरे ने ज़रा रुककर, घबराकर कहा—"नहीं—शाहनी..." शेरे के उत्तर की अनसुनी कर शाहनी ज़रा चिन्तित स्वर में बोली, "जो कुछ भी हो रहा है, अच्छा नहीं। शेरे, आज शाहजी होते तो शायद कुछ बीच-बचाव करते। पर..." शाहनी कहते-कहते रुक गयी। आज क्या हो रहा है। शाहनी को लगा जैसे जी भरा-भरा आ रहा है। शाहजी को बिछुड़े कई साल बीत गये, पर—पर आज कुछ पिघल रहा है—शायद पिछली स्मृतियाँ...आँसुओं को रोकने के प्रयत्न में उसने हसैना की ओर देखा और हल्के से हँस पड़ी। और शेरा सोच ही रहा है, क्या कह रही है शाहनी आज। आज शाहजी क्या, कोई भी कुछ नहीं कर सकता। यह होकर रहेगा—क्यों न हो? हमारे ही भाई-बन्दों से सूद ले-लेकर शाहजी सोने की बोरियाँ तोला करते थे। प्रतिहिंसा की आग शेरे की आँखों में उतर आयी। गड़ासे की याद

हो आयी। शाहनी की ओर देखा—नहीं-नहीं, शेरा इन पिछले दिनों में तीस-चालीस कत्ल कर चुका है। पर-पर वह ऐसा नीच नहीं...सामने बैठी शाहनी नहीं, शाहनी के हाथ उसकी आँखों में तैर गये। वह सर्दियों की रातें—कभी-कभी शाहजी की डाँट खाकर वह हवेली में पड़ा रहता था। और फिर लालटेन की रोशनी में वह देखता है, शाहनी के ममता भरे हाथ दूध का कटोरा थामे हुए—"शेरे-शेरे, उठ, पी ले।" शेरे ने शाहनी के झुर्रियाँ पड़े मुँह की ओर देखा तो शाहनी धीरे से मुस्करा रही थी। शेरा विचलित हो गया। आखिर शाहनी ने क्या बिगाड़ा है हमारा? शाहजी की बात शाहजी के साथ गयी, वह शाहनी को ज़रूर बचायेगा। लेकिन कल रात वाला मशवरा। वह कैसे मान गया था फिरोज की बात। "सब कुछ ठीक हो जायगा—सामान बाँट लिया जायगा।"

"शाहनी चलो तुम्हें घर तक छोड़ आऊँ।"

शाहनी उठ खड़ी हुई। किसी गहरी सोच में चलती हुई शाहनी के पीछे-पीछे मज़बूत क़दम उठाता शेरा चल रहा है। शंकित-सा इधर-उधर देखता जा रहा है। अपने साथियों की बातें उसके कानों में गूँज रही हैं। पर क्या होगा शाहनी को मारकर?

"शाहनी।"

"हाँ शेरे।"

शेरा चाहता है कि सिर पर आने वाले ख़तरे की बात कुछ तो शाहनी को बता दे, मगर वह कैसे कहे?

"शाहनी..."

शाहनी ने सिर ऊँचा किया। आसमान धुएँ से भर गया था। "शेरे..." शेरा जानता है यह आग है। जबलपुर में आज आग लगनी थी, लग गयी। शाहनी कुछ न कह सकी। उसके नाते-रिश्ते सब वही हैं...

हवेली आ गयी। शाहनी ने शून्य मन से ड्योढ़ी में क़दम रखा। शेरा कब लौट गया उसे कुछ पता नहीं। दुर्बल-सी देह और अकेली, बिना किसी सहारे के। न जाने कब तक वहीं पड़ी रही शाहनी। दुपहर आयी और चली गयी। हवेली खुली पड़ी है। आज शाहनी नहीं उठ पा रही। जैसे उसका अधिकार आज स्वयं ही उससे छूट रहा है। शाहजी के घर की मालकिन...लेकिन नहीं, आज मोह नहीं हट रहा। मानो पत्थर हो गयी हो। पड़े-पड़े साँझ हो गयी, पर उठने की बात फिर भी नहीं सोच पा रही। अचानक रसूली की आवाज़ सुनकर चौंक उठी—

"शाहनी-शाहनी, सुनो ट्रकें आती हैं लेने?"

"ट्रकें...?" शाहनी इसके सिवाय और कुछ न कह सकी। हाथों ने एक-दूसरे को थाम लिया। बात की बात में ख़बर गाँव भर में फैल गयी। बीबी ने अपने विकृत कंठ से कहा—"शाहनी, आज तक ऐसा न हुआ, न कभी सुना, ग़ज़ब हो गया, अँधेर पड़ गया।"

शाहनी मूर्तिवत वहीं खड़ी रही। नवाब बीबी ने स्नेह-सनी उदासी से कहा—"शाहनी, हमने तो कभी न सोचा था।"

शाहनी क्या कहे कि उसी ने ऐसा कब सोचा था। नीचे से पटवारी बेगू और जैलदार की बातचीत सुनायी दी। शाहनी समझी कि वक़्त आन पहुँचा। मशीन की तरह नीचे उतरी, पर ड्योढ़ी न लाँघ सकी। किसी गहरी, बहुत गहरी आवाज़ से पूछा—"कौन? कौन है वहाँ?"

कौन नहीं है आज वहाँ? सारा गाँव है, जो उसके इशारे पर नाचता था कभी। उसकी असामियाँ हैं जिन्हें उसने अपने नाते-रिश्तों से कभी कम नहीं समझा। लेकिन नहीं, आज उसका कोई नहीं, आज वह अकेली है। यह भीड़ की भीड़, उनमें कुल्लूवाल के जाट। वह क्या सुबह ही न समझ गयी थी?

बेगू पटवारी और मसीत के मुल्ला इस्माइल ने जाने क्या सोचा। शाहनी के निकट आ खड़े हुए। बेगू आज शाहनी की ओर देख नहीं पा रहा। धीरे से ज़रा गला साफ़ करते हुए कहा—"शाहनी, रब्ब नू एही मंजूर सी।"

शाहनी के क़दम डोल गये। चक्कर आया और दीवार के साथ लग गयी। इसी दिन के लिए छोड़ गये थे शाहजी उसे? बेजान-सी शाहनी की ओर देख कर बेगू सोच रहा है—"क्या गुज़र रही है शाहनी पर। मगर क्या हो सकता है। सिक्का बदल गया है..."

शाहनी का घर से निकलना छोटी-सी बात नहीं। गाँव का गाँव खड़ा है हवेली के दरवाज़े से लेकर उस दारे तक जिसे शाहजी ने अपने पुत्र की शादी में बनवा दिया था। तब से लेकर आज तक फैसले, सब मशविरे यहीं होते रहे हैं। इस बड़ी हवेली को लूट लेने की बात भी यहीं सोची गयी थी। यह नहीं कि शाहनी कुछ न जानती हो। वह जानकर भी अनजान बनी रही। उसने कभी बैर नहीं जाना। किसी का बुरा नहीं किया। लेकिन बूढ़ी शाहनी यह नहीं जानती कि सिक्का बदल गया है...

देर हो रही थी। थानेदार दाऊद खाँ ज़रा अकड़कर आगे आया और ड्योढ़ी पर खड़ी जड़ निर्जीव छाया को देखकर ठिठक गया। वही शाहनी है जिसके शाहजी उसके लिए दरिया के किनारे खेमे लगवा दिया करते थे। यह तो वही शाहनी है जिसने उसकी मंगतेर को सोने के कनफूल दिये थे मुँह दिखायी में। अभी उसी दिन जब वह 'लीग' के सिलसिले में आया था तो उसने उद्दण्डता से

कहा था—"शाहनी, भागोवाल मसीत बनेगी, तीन सौ रुपया देना पड़ेगा।" शाहनी ने अपने उसी सरल स्वभाव से तीन सौ रुपये आगे रख दिये थे। और आज...?

—"शाहनी।" दाऊद खां ने आवाज़ दी। वह थानेदार है, नहीं तो उसका स्वर शायद आँखों में उतर आता।

शाहनी गुम-सुम, कुछ न बोल पायी।

"शाहनी।" ड्योढ़ी के निकट जाकर बोला—"देर हो रही है शाहनी। (धीरे से) कुछ साथ रखना हो तो रख लो। कुछ साथ बाँध लिया है? सोना-चाँदी..."

शाहनी अस्फुट स्वर में बोली—"सोना-चाँदी?" ज़रा ठहरकर सादगी से कहा—"सोना-चाँदी! बच्चा वह सब तुम लोगों के लिए है। मेरा सोना तो एक-एक ज़मीन में बिछा है।"

दाऊद खाँ लज्जित-सा हो गया। "शाहनी तुम अकेली हो, अपने पास कुछ होना ज़रूरी है। कुछ नकदी ही रख लो। वक़्त का कुछ पता नहीं..."

"वक़्त?" शाहनी अपनी गीली आँखों से हँस पड़ी। "दाऊद खाँ, इससे अच्छा वक़्त देखने के लिए क्या मैं ज़िन्दा रहूँगी।" किसी गहरी वेदना और तिरस्कार से कह दिया शाहनी ने।

दाऊद खाँ निरूत्तर है। साहस कर बोला—"शाहनी, कुछ नकदी ज़रूरी है।"

"नहीं बच्चा, मुझे इस घर से"—शाहनी का गला रुँध गया—"नकदी प्यारी नहीं। यहाँ की नकदी यहीं रहेगी।"

शेरा आन खड़ा हुआ पास। दूर खड़े-खड़े उसने दाऊद खाँ को शाहनी के पास देखा तो शक गुज़रा कि हो न हो कुछ मार रहा है शाहनी से। "खाँ साहिब देर हो रही है।"

शाहनी चौंक पड़ी। देर—मेरे घर में मुझे देर। आँसुओं की भँवर में न जाने कहाँ से विद्रोह उमड़ पड़ा। मैं पुरखों के इस बड़े घर की रानी और यह मेरे ही अन्न पर पले हुए...नहीं, यह सब कुछ नहीं। ठीक है-देर हो रही है—देर हो रही है। शाहनी के जैसे कानों में यही गूँज रहा है—देर हो रही है—पर नहीं, शाहनी रो-रोकर नहीं, शान से निकलेगी इस पुरखों के घर से, मान से लाँघेगी यह देहरी, जिस पर एक दिन वह रानी बनकर आ खड़ी हुई थी। अपने लड़खड़ाते क़दमों को सँभालकर शाहनी ने दुपट्टे से आँखें पोंछीं और ड्योढ़ी से बाहर हो गयी। बड़ी-बूढ़ियाँ रो पड़ी। उनके दुख-सुख की साथिन आज इस घर से निकल पड़ी है। किसकी तुलना हो सकती थी इसके साथ। ख़ुदा ने सब कुछ दिया था, मगर—मगर दिन बदले, वक़्त बदले...

शाहनी ने दुपट्टे से सिर ढाँपकर अपनी धुँधली आँखों में से हवेली को अन्तिम बार देखा। शाह जी के मरने के बाद भी जिस कुल की अमानत को उसने सहेजकर रखा, आज वह उसे धोखा दे गयी। शाहनी ने दोनों हाथ जोड़

लिए—यही अन्तिम दर्शन था, यही अन्तिम प्रणाम था। शाहनी की आँखें फिर कभी इस ऊँची हवेली को न देख पायेंगी। प्यार ने ज़ोर मारा—सोचा, एक बार घूम-फिर कर पूरा घर क्यों न देख आयी मैं? जी छोटा हो रहा है, पर जिनके सामने हमेशा बड़ी बनी रही है उनके सामने वह छोटी न होगी। इतना ही ठीक है। बस हो चुका। सिर झुकाया। ड्योढ़ी के आगे कुलवधू की आँखों से निकलकर कुछ बूँदें चू पड़ीं। शाहनी चल दी—ऊँचा-सा भवन पीछे खड़ा रह गया। दाऊद खाँ, शेरा, पटवारी, जैलदार और छोटे-बड़े, बच्चे, बूढ़े मर्द-औरतें सब पीछे-पीछे।

ट्रकें अब तक भर चुकी थीं। शाहनी अपने को खींच रही थी। गाँव वालों के गलों में जैसे धुआँ उठ रहा है। शेरे, ख़ूनी शेरे का दिल टूट रहा है। दाऊद खाँ ने आगे बढ़कर ट्रक का दरवाज़ा खोला। शाहनी बढ़ी। इस्माइल ने आगे बढ़कर भारी आवाज़ से कहा—"शाहनी, कुछ कह जाओ। तुम्हारे मुँह से निकली सीस झूठ नहीं हो सकती।" और अपने साफ़े से आँखों का पानी पोंछ लिया। शाहनी ने उठती हुई हिचकी को रोककर रुँधे-रुँधे गले से कहा, "रब्ब तुहानू सलामत रक्खे बच्चा, खुशियाँ बक्शे...।"

वह छोटा-सा जन-समूह रो दिया। ज़रा भी दिल में मैल नहीं शाहनी के। और हम-हम शाहनी को नहीं रख सके। शेरे ने बढ़कर शाहनी के पाँव छुए। "शाहनी, कोई कुछ नहीं कर सका। राज भी पलट गया..." शाहनी ने काँपता हुआ हाथ शेरे के सिर पर रखा और रुक-रुककर कहा—"तैनू भाग जगण चन्ना" (ओ चाँद तेरे भाग जगें)। दाऊद खाँ ने हाथ का संकेत किया। कुछ बड़ी-बूढ़ियां शाहनी के गले लगीं और ट्रक चल पड़ी।

अन्न-जल उठ गया। वह हवेली, नयी बैठक, ऊँचा चौबारा, बड़ा 'पसार' एक-एक करके घूम रहे हैं शाहनी की आँखों में। कुछ पता नहीं—ट्रक चल पड़ी है या वह स्वयं चल रही है। आँखें बरस रही हैं। दाऊद खाँ विचलित होकर देख रहा है इस बूढ़ी शाहनी को। कहाँ जायगी अब वह?

"शाहनी मन में मैल न लाना। कुछ कर सकते तो उठा न रखते। वक़्त ही ऐसा है। राज पलट गया है, सिक्का बदल गया है..."

रात को शाहनी जब कैम्प में पहुँचकर ज़मीन पर पड़ी तो लेटे-लेटे आहत मन से सोचा—"राज पलट गया है...सिक्का क्या बदलेगा? वह तो मैं वहीं छोड़ आयी।..."

और शाहजी की शाहनी की आँखें और भी गीली हो गयीं।

आस-पास के हरे-हरे खेतों से घिरे गाँवों में रात ख़ून बरसा रही थी।

शायद राज पलटा भी खा रहा था और—सिक्का बदल रहा था...

रांगेय राघव

रांगेय राघव का जन्म 17 जनवरी 1923 को आगरा में हुआ। मूल नाम टी.एन.वी. आचार्य (तिरुमल्लै नम्बाकम् वीर राघव आचार्य)। कुल से दाक्षिणात्य लेकिन ढाई शतक से पूर्वज वैर (भरतपुर) के निवासी और वैर, बारोली गाँवों के जागीरदार।

शिक्षा आगरा में। सेंट जॉन्स कॉलेज से 1944 में स्नातकोत्तर और 1948 में आगरा विश्वविद्यालय से गुरु गोरखनाथ पर पीएच. डी.। हिन्दी, अंग्रेजी, ब्रज और संस्कृत पर असाधारण अधिकार।

13 वर्ष की आयु में लेखनारम्भ। 23-24 वर्ष की आयु में ही अभूतपूर्व चर्चा के विषय। 1942 में अकालग्रस्त बंगाल की यात्रा के बाद लिखे रिपोर्ताज–'तूफानों के बीच'–से चर्चित।

साहित्य के अतिरिक्त चित्रकला, संगीत और पुरातत्त्व में विशेष रुचि। साहित्य की प्रायः सभी विधाओं में सिद्धहस्त। मात्र 39 वर्ष की आयु में कविता, कहानी, उपन्यास, नाटक, रिपोर्ताज के अतिरिक्त आलोचना, सभ्यता और संस्कृति पर शोध व व्याख्या के क्षेत्रों को 150 से भी अधिक पुस्तकों से समृद्ध किया। अपनी अद्‌भुत प्रतिभा, असाधारण ज्ञान और लेखन-क्षमता के लिए सर्वमान्य अद्वितीय लेखक।

संस्कृत रचनाओं का हिन्दी, अंग्रेजी में अनुवाद। विदेशी साहित्य का हिन्दी में अनुवाद।

7 मई, 1956 को सुलोचनाजी से विवाह। 8 फरवरी, 1960 को पुत्री सीमन्तिनी का जन्म। अधिकांश जीवन आगरा, वैर और जयपुर में व्यतीत। आजीवन स्वतन्त्र लेखन।

हिन्दुस्तानी अकादमी पुरस्कार (1951), डालमिया पुरस्कार (1954), उत्तर प्रदेश सरकार पुरस्कार (1957 व 1959), राजस्थान साहित्य अकादमी पुरस्कार (1961) तथा मरणोपरान्त (1966) महात्मा गाँधी पुरस्कार से सम्मानित।

विभिन्न कृतियाँ अन्य भारतीय और विदेशी भाषाओं में अनूदित और प्रशंसित। लम्बी बीमारी के बाद 12 सितम्बर 1962 को बम्बई में देहान्त।

गदल

रांगेय राघव

बाहर शोर-गुल मचा। डोडी ने पुकारा–'कौन है,' कोई उत्तर नहीं मिला। आवाज आयी–हत्यारिन! तुझे कतल कर दूँगा।

स्त्री का स्वर आया–करके तो देख! तेरे कुनबे को डायन बन के न खा गयी, निपूते!

डोड़ी बैठा न रह सका। बाहर आया।

–क्या करता है, क्या करता है निहाल? –डोड़ी बढ़कर चिल्लाया–आखिर तेरी मैया है।

–मैया है! –कहकर निहाल हट गया।

–अरे, तू हाथ उठा के तो देख! –स्त्री ने फुफकारा–कदी खाये! तेरी सींक पर बिलियाँ चलवा दूँ! समझ रखियो! मत जान रखियो, हाँ! तेरी आसरतू नहीं हूँ।

–भाभी! –डोड़ी ने कहा–क्या बकती है? होश में आ?

वह आगे बढ़ा। उसने मुड़कर कहा–जाओ सब! तुम सब लोग जाओ!

निहाल हट गया। उसके साथ ही सब लोग इधर-उधर हो गये।

डोड़ी निस्तब्ध छप्पर के नीचे लगा बरैंडा पकड़े खड़ा रहा। स्त्री वहीं बिखरी हुई-सी बैठी रही। उसकी आँखों में आग सी जल रही थी।

उसने कहा–मैं जानती हूँ, निहाल में इतनी हिम्मत नहीं। यह सब तैने किया है, देवर!

–हाँ, गदल। –डोड़ी ने धीरे से कहा–मैंने ही किया है।

गदल सिमट गयी, कहा–क्यों, तुझे क्या जरूरत थी?

डोड़ी कह नहीं सका। वह ऊपर से नीचे तक झनढना उठा। पचास साल का वह लम्बा खारी गूजर, उसकी मूँछें खिचड़ी हो चुकी थीं, छप्पर तक पहुँचा-सा लगता था। उसके कन्धे की चौड़ी हड्डियों पर अब दीवे का हल्का प्रकाश पड़ रहा था, उसके शरीर पर मोटी फतूही थी और उसकी धोती घुटनों के नीचे उतरने

के पहले ही झूल देकर चुस्त सी ऊपर की ओर लौट जाती थी। उसका हाथ करा था और वह इस समय निस्तब्ध खड़ा रहा।

स्त्री उठी। वह लगभग 45 वर्षीया थी, और उसका रंग गोरा होने पर भी आयु के धुँधलके में अब मैला-सा दिखने लगा था। उसको देखकर लगता था कि वह फुर्तीली थी। जीवन भर कठोर मेहनत करने से, उसकी गठन के ढीले पड़ने पर भी, उसकी फुर्ती अभी तक मौजूद थीं

—तुझे शरम नहीं आती, गदल? डोड़ी ने पूछा।

—"क्यों, शरम क्यों आयेगी? —गदल ने पूछा।

डोड़ी क्षण भर सकते में पड़ गया। भीतर के चौबारे से आवाज आयी—शरम क्यों आयेगी इसे? शरम तो उसे आये, जिसकी आँखों में हया बची हो।

—निहाल!—डोड़ी चिल्लाया—तू चुप रह।

फिर आवाज बन्द हो गयी।

गदल ने कहा—मुझे क्यों बुलाया है तूने?

डोड़ी ने इस बात का उत्तर नहीं दिया। पूछा...रोटी खायी है?

—नहीं। गदल ने कहा—खाती भी कब? कमबख्त रास्ते में मिले। खेत होकर लौट रही थी। रास्ते में अरने-कण्डे बीन करके लिये जा रही थी।

डोड़ी ने पुकारा—निहाल! बहू से कह, अपनी सास को रोटी दे जाये।

भीतर से किसी स्त्री की ढीठ आवाज सुनाई दी—अरे, अब लोहारों की बैयर आयी है; उन्हें क्या गरीब खारियों की रोटी भायेगी?

कुछ स्त्रियों ने ठहाका लगाया।

निहाल चिल्लाया—सुन ले, परमेसुरी, जगहँसाई हो रही है। खारियों की तो तूने नाक कटाकर छोड़ी।

2

गुन्ना मरा तो पचपन बरस का था। गदल विधवा हो गयी। गदल का बड़ा बेटा निहाल तीन बरस के पास पहुँच रहा था। उसकी बहु दुल्ली का बड़ा बेटा सात का, दूसरा चार का और तीसरी छोरी थी, जो उसकी गोद में थी। निहाल से छोटी तरा-ऊपर की दो बहिनें थीं चम्पा और चमेली, जिनका क्रमशः झाज और विस्वारा गाँवों में ब्याह हुआ था। आज उसकी गोदियों से उनके लाल उतरकर धूल में घुटुरुवन चलने लगे थे। अन्तिम पुत्र नरायन अब बाईस का था, जिसकी बहू दूसरे बच्चे की माँ होनेवाली थी। ऐसी गदल, इतना बड़ा परिवार छोड़कर चली गयी थी और बत्तीस के एक लौहारे गूजर के यहाँ जा बैठी थी।

डोड़ी गुन्ना का सगा भाई था। बहु थी, बच्चे भी हुए। सब मर गये। अपनी जगह अकेला रह गया। गुन्ना ने बड़ी-बड़ी कही, पर वह फिर अकेला ही रहा, उसने ब्याह नहीं किया, गदल ही के चूल्हे पर खाता रहा कमाकर लाता, तो उसी को दे देता, उसी के बच्चों को अपना मानता, कभी उसने अलगाव नहीं किया। निहाल अपने चाचा पर जान देता था। और फिर खारी गूजर अपने को लौहारों से ऊँचा समझते थे।

गदल जिसके घर जा बैठी थी उसका पूरा कुनबा था। उसने गदल की उम्र नहीं देखी, यह देखा कि खारी औरत है, पड़ी रहेगी। चूल्हे पर दम फूँकनेवाली की जरूरत भी थी।

आज ही गदल सबेरे गयी थी और शाम को उसके बेटे उसे फिर बाँध लाये थे। उसके नये पति मौनी को अभी पता भी नहीं हुआ होगा। मौनी रंडुआ था। उसकी भाभी जो पाँव फैलाकर, मटक-मटककर छाछ बिलोती थी, दुल्लो सुनेंगी, तो क्या कहेगी?

गदल का मन विक्षोभ से भर उठा।

3

आधी रात को चली थी। गदल वहीं पड़ी थी। डोड़ी वहीं बैठा चिलम फूँक रहा था।

उस सन्नाटे में डोड़ी ने धीरे से कहा—गदल।

क्या है? गदल ने हौले से कहा।

—तू चली गयी न?

गदल बोली नहीं। डोड़ी ने फिर कहा—सब चले जाते हैं। एक दिन तेरी देवरानी चली गयी, फिर एक-एक करके तेरे भतीजे भी चले गये। भैया भी चला गया। पर तू जैसे गयी, वैसे तो कोई भी नहीं गया। जग हँसता है, जानती है?

गदल ने बुरबुराया—जगहँसाई से मैं नहीं डरती, देवर! जब चौदह की थी, तब तेरा भैया मुझे गाँव में देख गया था। तू उसके साथ तेल पिया लट्ठ लेकर मुझे लेने आया था न, तब? तब मैं आयी थी कि नहीं? तू सोचता होगा कि गदल की उमिर गयी, अब उसे खसम की क्या जरूरत है? पर जानता है, मैं क्यों गयी?

—नहीं।

—तू तो बस यही सोचा करता होगा कि गदल गयी, अब पहले-सा रोटियों का आराम नहीं रहा। बहुएँ नहीं करेंगी तेरी चाकरी, देवर! तूने भाई से और मुझसे निभायी, तो मैंने भी तुझे अपना ही समझा। बोल, झूठ कहती हूँ?

—नहीं, गदल। मैंने कब कहा।

—बस यही बात है, देवर! अब मेरा यहाँ कौन है! मेरा मरद तो मर गया। जीते जी मैंने उसकी चाकरी की, उसके नाते उसके सब अपनों की चाकरी बजायीं पर जब मालिक ही नहीं रहा, तो काहे को हड़कम्प उठाऊँ! यह लड़के, यह बहुएँ! मैं इनकी गुलामी नहीं करूँगी?

—पर क्या, यह सब तेरी औलाद नहीं, बावरी? बिल्ली तक अपने जायों के लिए सात घर उलट-फेर करती है, फिर तू तो मानुस है। तेरी माया-ममता कहाँ चली गयी?

—देवर, तेरी कहाँ चली गयी थी, जो तूने फिर ब्याह न किया?

—मुझे तेरा सहारा था, गदल!

—कायर! भैया तेरा मरा, कारज किया बेटे ने और फिर जब सब हो गया, तब तू मुझे रखकर घर नहीं बसा सकता था। तूने मुझे पेट के लिए पराई ड्योढ़ी लँघवायी। चूल्हा मैं तब फूँकूँ, जब मेरा कोई अपना हो। ऐसी बाँदी नहीं हूँ कि मेरी कुहनी बजे, औरों की बिछिया झनके। मैं तो पेट तब भरूँगी, जब पेट का मोल कर लूँगी। समझा, देवर! तूने तो नहीं कहा तब। अब कुनबे की नाक पर चोट पड़ी, तब सोचा, तब न सोचा, जब तेरी गदल को बहुओं ने आँखें तरेरकर देखा। अरे, कौन किसी की परवाह करता है!

गदल! —डाडी ने भर्राये स्वर से कहा—मैं डरता था।

—भला क्यों तो?

—गदल, मैं बुड्ढा हूँ। डरता था, जग हँसेगा। बेटे सोचेंगे, शायद चाचा का अम्मा से पहले ही से नाता था, तभी तो चाचा ने दूसरा ब्याह नहीं किया। गदल, भैया की भी बदनामी होती न?

—अरे, चल रहने दे। —गदल ने उत्तर दिया—भैया—का बड़ा खयाल रहा तुझे! तू नहीं था कारज में उनके क्या? मेरे ससुर मरे थे, तब तेरे भैया ने बिरादरी को जिमाकर ओठों से पानी छुलाया था अपने। और तुम सबने कितने बुलाये? तू भैया, दो बेटे। यही भैया हैं, यही बेटे हैं? पच्चीस आदमी बुलाये कुल। क्यों आखिर? कह दिया लड़ाई में कानून है। पुलस पच्चीस से ज्यादा हाते ही पकड़ ले जायेगी। डरपोक कहीं के! मैं नहीं रहती ऐसों के।

हठात! डोड़ी का स्वर बदला। कहा—मेरे रहते तू पराये मरद के जा बैठेगी!

—हाँ।

—अब के तो कह!—वह उठकर बढ़ा।

—सौ बार कहूँ—लाला! —गदल पड़ी-पड़ी बोली। डोड़ी बढ़ा।

—बढ़! —गदल ने फुफकारा।

डोड़ी रूक गया। गदल देखती रही। डोड़ी जाकर बैठ गया। गदल देखती रही। फिर हँसी। कह—तू मुझे करेगा। तुझमें हिम्मत कहाँ है, देवर? मेरा नया मरद है न? मरद है। इतनी सुन तो ले भला। मुझे लगता है, तेरा भइया ही मिल गया है मुझे। तू? —वह रुकी—मरद है? अरे कोई बैयर से घिघियाता है। बढ़कर जो तू मुझे मारता, तो मैं समझती, तू अपनापा मानता। मैं इस घर में रहूँगी।

डोड़ी देखता ही रह गया। रात गहरी हो गयी। गदल ने लँहगे की पर्तें फैलाकर तन ढँक लिया। डोड़ी ऊँघने लगा।

4

ओसारे में दुल्लो ने अँगड़ाई लेकर कहा—आ गयी देवरानी जी। रात कहाँ रहीं?

सूका डूब गया था। आकाश में पौ फट रही थी। बैल अब उठकर खड़े हो गये थे। हवा में एक ठण्डक थी।

गदल ने तड़ाक से जवाब दिया—सो, जिठानी मेरी! हुकुम नहीं चला मुझ पर। तेरी जैसी बेटियाँ हैं मेरी। देवर के नाते देवरानी हूँ, तेरी जूती नहीं।

दुल्लो सकपका गयी। मौनी उठा ही था। भन्नाया हुआ आया। बोला—कहाँ गयी थी?

गदल ने घूँघट खींच लिया, पर आवाज नहीं बदली। कहा— वहीं ले गये मुझे घेरकरं मौका पाके निकल आयी।

मौनी दब गया। मौनी का बाप बाहर से ढोर हाँके ले गया। मौनी बढ़ा।

—कहाँ जाता है? —गदल ने पूछा।

—खेतहार।

—पहले मेरा फैसला कर जा—गदल ने कहा।

दुल्लो उस अधेड़ स्त्री के नक्शे देखकर अचरज में खड़ी रही।

—कैसा फैसला? —मौनी ने पूछा। वह उस बड़ी स्त्री से दब गया था।

—अब क्या तेरे घर भर का पीसना पीसूँगी मैं? —गदल ने कहा—हम तो दो जने हैं। अलग करेंगे, खायेंगे। —उनके उत्तर की प्रतीक्षा किये बिना वह कहती रही—कमाई शामिल करो, मैं नहीं रोकती, पर भीतर तो अलग-अलग भले।

मौनी क्षण भर सन्नाटे में खड़ा रहा। दुल्लो तिनक कर निकली। बोली—अब चुप क्यों हो गया, देवर? बोलता क्यों नहीं? मेरी देवरानी लाया है कि सास! तेरी बोलती क्यों नहीं कढ़ती? ऐसी न समझियो तू मुझे! रोटी तवा पर पलटते मुझे भी आँच नहीं लगती, जो मैं इसकी खरी-खोटी सुन लूँगी, समझा? मेरी अम्मा ने भी मुझे चूल्हे की मट्टी खाके ही जना था। हाँ।

—अरी तो सौत! —गदल ने पुकारा—मट्टी न खाके आयी, सारे कुनबे को चबा जायगी, डायन! ऐसी नहीं तेरी गुड़ की भेली है, जो न खायेंगे हम तो रोटी गले में फन्दा मार जायेगी।

मौनी उत्तर नहीं दे सका। वह बाहर चला गया। दुपहर हो गयी थी। दुल्लो बैठी चरखा कात रही थी। नरायन ने आकर आवाज दी—कोई है?

दुल्लो ने घूँघट काढ़ लिया। पूछा—कौन हो?

नरायन ने खून का घूँट पीकर कहा—गदल का बेटा हूँ।

दुल्लो घूँघट में हँसी। पूछा—छोटे हो कि बड़े?

—छोटा।

—और कितने हैं?

—कित्ते भी हों। तुझे क्या? —गदल ने निकल कर कहा।

—अरे आ गयी! —कह कर दुल्लो भीतर भागी।

—आने दे आज उसे। तुझे बता दूँगी, जिठानी। —गदल ने सिर हिलाकर कहा।

—अम्मा! —नरायन ने कहा—यह तेरी जेठानी है?

—क्यों आया है तू, यह बता! —गदल झल्लाई।

—दण्ड धरवाने आया हूँ, अम्मा! —कहकर नरायन आगे बैठने को बढ़ा।

—वहीं रह! गदल ने कहा।

उसी समय लोटा-डोर लिये मौनी लौटा। उसने देखा कि गदल ने अपने कड़े और हँसुली उतारकर फेंक दी और कहा—भर गया दण्ड तेरा। अब मत आइयो कोई। समझा। समझ लीजो, थाने में रपट कर दूँगी कि मेरे मरद का सब माल दबाकर बहुओं के कहने से बेटों ने मुझे निकाल दिया है।

नरायन का मुँह स्याह पड़ गया। वह गहने उठाकर चला गया। मौनी मन ही मन शंकित-सा भीतर आया।

दुल्लो ने शिकायत की—सुना तूने देवर! देवरानी ने गहने दे दिये। घुटना आखिर पेट को ही मुड़ा। ऐसे चार जगह बेठेगी, तो बेटों के खेत की डौर पर डण्डा-थूआ तक लग जायेंगी। पक्का चबूतरा घर के आगे बगबगायेगा। समझा देती हूँ। तुम भोले-भाले ठहरे। तिरिया चरित्तर तुम क्या जानो। धन्धा है यह भी। अब कहेगी, फिर बनवा मुझे।

गदल हँसी, कहा—वाह, जिठानी! पुराने मरद का मोल नये मरद से तेरे घर की बैयर ही चुकवाती होंगी। गदल तो मालकिन बनकर रहती है, समझी। बाँदी बदनकर नहीं। चाकरी करूँगी तो अपने मरद की, नहीं तो विधना मेरे ठेंगे पर। समझो! तू बीच में बोलने वाली कौन? दुल्लो ने रोष से देखा और पाँव पटकती चली गयी।

मौनी ने देखा और कहा—बहुत बढ़-बढ़कर बातें मत हाँक। समझ ले। घर में बहू बन के रह।

—अरे, तू तो तब पैदा भी नहीं हुआ था, बालम! —गदल ने मुस्करा कर कहा—तब से मैं सब जानती हूँ। मुझे क्या सिखाता है तू? ऐसा मैंने कोई काम नहीं किया है, जो बिरादरी के नेम के बाहर हो। जब तू देखे, मैंने ऐसा कोई बात की हो, तो हजार बार रोक, पर सौत की ठसक नहीं सहूँगी।

—तो बताऊँ तुझे। —वह सिर हिलाकर बोला।

गदल हँस कर ओबरी में चली गयी और काम में लग गयी।

5

ठण्डी हवा तेज हो गयी थी। डोड़ी चुपचाप बाहर छप्पर में बैठा हुक्का पी रहा था। पीते-पीते ऊब गया और उसने चिलम उलट दी और फिर बैठा रहा।

खेत से लौटकर निहाल ने बैल बाँधे, न्यार डाला और कहा—काका!

डोड़ी कुछ सोच रहा था। उसने सुना नहीं।

—काका! —निहाल ने स्वर उठाकर कहा।

—हाँ! —डोड़ी चौंक उठा—क्या है? मुझसे कहा कुछ?

—तुमसे न कहूँगा, तो कहूँगा किससे? दिन भर तो तुम मिले नहीं चिम्मन कढ़ेरा कहता था, तुमने दिन भर मनमौजी बाबा की धूनी के पास बिताया। यह सच है?

—हाँ, बेटा, चला तो गया था।

—क्यों गये थे भला?

—ऐसे ही जी किया था, बेटा।

—और कस्बे से बनिये का आदमी आया था, घी कटऊ क्या कराया मैंने कहा नहीं है, वह बोला, ले के जायेगा। झगड़ा होते-होते बचा।

ऐसा नहीं करते, बेटा। —डोडी ने कहा—बाहर से कोई झगड़ा मोले लेता है।

निहाल ने चिलम उठाया, कण्डों में से आँच बीनकर धरी और फूँक लगाता हुआ आया। कहा—मैं तो गया नहीं। सिर फूट जाते। नारायण को भेजा था।

—कहाँ? डोड़ी चौंका।

—उस कुलच्छनी कुलबोरनी के पास।

—अपनी माँ के पास?

—न जाने तुम्हें उससे क्या है, अब भी तुम्हें उस पर गुस्सा नहीं आता। उसे माँ कहूँगा मैं?

—पर बेटा, तू न कह, जग तो उसे तेरी माँ ही कहेगा। जब तक मरद जीता

है, लोग बैयर की मरद की बहू कहकर पुकारते हैं। जब मरद मर जाता है, तो लोग उसे बेटे की अम्मा कहकर पुकारते हैं। कोई नया नेम थोड़ा ही है।

निहाल भुनभुनाया। कहा–ठीक है, काका, ठीक है; पर तुमने अभी तक यह तो पूछा ही नहीं कि क्यों भेजा था उसे?

–हाँ, बेटा। डोड़ी ने चौंककर कहा–यह तो तूने बताया ही नहीं! बता न?

–दण्ड भरवाने भेजा था। सो पंचायत जुडवाने के पहले ही उसने तो गहने उतार फेंके।

डोड़ी मुस्कुराया। कहा–तो वह यह जता रही है कि घरवालों ले पंचायत भी नहीं जुड़वायी? यानी हम उसे भगाना ही चाहते थे। नरायन ने आया?

हाँ–।

डोड़ी सोचने लगा।

–मैं फेर आऊँ? –निहाल ने पूछा।

–नहीं, बेटा। डोड़ी ने कहा–वह सचमुच रूठकर ही गयी है। और कोई बात नहीं है। तूने रोटी खा ली?

–नहीं।

–तो जा। पहले खा ले।

निहाल उठ गया, पर डोड़ी बैठा रहा। रात का अँधेरा साँझ के पीछे ऐसे आ गया, जैसे कोई पर्त उलट गयी हो।

–दूर ढोला गाने की आवाज आने लगी। डोड़ी उठा और चल पड़ा।

निहाल ने बहू से पूछा–काका ने खा ली?

नहीं तो।

निहाल बाहर आया। काका नहीं थे।

–काका! –उसने पुकारा।

राह पर चिरंजी पुजारी गढ़वाले हनुमानजी के पट बन्द करके आ रहा था। उसने पूछा–क्या है, रे?

–पाय लागूँ, पण्डितजी। निहाल ने कहा–काका अभी तो बैठे थे। ...चिरंजी ने कहा–अरे, वह वहाँ ढोला सुन रहा है। मैं अभी देख आया हूँ।

चिरंजी चला गया, निहाल ठिठका खड़ा रहा। बहू ने झाँककर पूछा–क्या हुआ?

–काका ढोला सुनने गये हैं! –निहाल ने अविश्वास से कहा–वे तो नहीं जाते थे।

–जाकर बुला ले आओ। रात बढ़ रही है। –बहू ने कहा–और रोते बच्चे को दूध पिलाने लगी।

निहाल जब काका को लेकर लौटा, तो काका की देही तप रही थी।

—हवा लग गयी है और कुछ नहीं। —डोड़ी ने छोटी खटिया पर अपनी निकली टाँगें समेटकर लेटते हुए कहा—रोटी रहने दे, आज जी नहीं चाहता।

निहाल खड़ा रहा। डोड़ी ने कहा—अरे, सोच तो बेटा। मैंने ढोला कितने दिन बाद सुना है। उस दिन भैया की सोहागरात को सुना था, तो फिर आज...

निहाल ने सुना और देखा, डोड़ी आँख मींचकर कुछ गुनगुनाने लगा था...

6

शाम हो गयी थी। मौनी बाहर बैठा था। गदल ने गरम-गरम रोटी और आम की चटनी ले जाकर खाने को धर दी।

बहुत अच्छी बनी है। —मौनी ने खाते हुए कहा—बहुत अच्छी है।

गदल बैठ गयी। कहा—तुम एक ब्याह और क्यों नहीं कर लेते अपनी उमिर लायक?

मौनी चौंका। कहा—एक की रोटी भी नहीं बनती।

—नहीं। —गदल ने कहा—सोचते होंगे सौत बुलाती हूँ—, पर मरद का क्या? मेरी भी तो ढलती उमिर है। जीते जी देख जाऊँगी तो ठीक है। न हो तो हुकूमत करने को तो एक मिल ज़ी जायगी।

मौनी हँसा। बोला—यों कह। हौंस है तुझे, लड़ने की कोई चाहिये।

खाना खाकर उठा, तो गदल हुक्का भरकर दे गयी और आप दीवार की ओट में बैठकर खाने लगी।

इतने में सुनायी दिया—अरे, इस बख्त कहाँ चला?

—जरूरी काम है मौनी। —उत्तर मिला—पेसकार साहब ने बुलवाया है।

गदल ने पहचाना। उसी के गाँव का तो था, घोट्या मैना का चुंडा गिर्राज ग्वारिया। जरूर पैसकार का गाय को चराने की बात होगी।

—अरे, तो रात को जा रहा है? —मौनी ने कहा—ले चल, चिलम तो पीता जा।

आकर्षण ने रोका। गिर्राज बैठ गया। गदल ने दूसरी रोटी उठायी। कौर मुँह में रखा।

—तुमने सुना? —गिर्राज ने कहा और दम खींचा।

—क्या? —मौनी ने पूछा।...

—गदल का देवर डोड़ी मर गया।

गदल का मुँह रूक गया। जल्दी से लोटे के पानी के संग कौर निगला और सुनने लगी। कलेजा मुँह को आने लगा।

—कैसे मर गया? —मौनी ने कहा—वह तो भला चंगा था।

—ठण्ड लग गयी। रात उघाड़ा रह गया।

गदल द्वार पर दिखाई दी। कहा—गिर्राज!

—काकी! गिर्राज ने कहा—सच। मरते बखत उसके मुँह पर तुम्हारा नाम कढ़ा था, काकी! विचारा बड़ा भलामानस था।

गदल स्तब्ध खड़ी रही।

गिर्राज चला गया।

गदल ने कहा—सुनते हो।

—क्या है री?

—मैं जरा जाऊँगी।

कहाँ? वह आतंकित हुआ।

—वहीं।

—क्यों?

—देवर मर गया है न?

—देवर! अब तो वह तेरा देवर नहीं।

गदल हँसी, झनझनाती हुई हँयी—देवर तो मेरा अगले जन्म में भी रहेगा। उसी ने मुझसे रुखाई दिखाई नहीं तो क्या यह पाँव कटे बिना उस देहली से बाहर निकल सकते थे? उसने मुझसे मन फेरा, मैंने उससे। ऐसा बदला लिया उससे।

कहते-कहते वह कठोर हो गयी।

—तू नहीं जा सकती। —मौनी ने कहा।

—क्यों? —गदल ने कहा—तू रोकेगा? अरे, मेरे खास पेट के जाये मुझे रोक न पाये! अब क्या है? जिसे नीचा दिखाना चाहती थी, वहीं न रहा और तू मुझे रोकने वाला है कौन? अपने मन से आयी थी, नहीं रहूँगी, कौन तूने मेरा मोल दिया है? इतना बोल भी लिया तू, जो होता मेरा उस घर में, तो जीभ कड़वा लेती तेरी।

—अरे चल-चल!

मौनी ने हाथ पकड़कर उसे भीतर ढकेल दिया और द्वार खाट डालकर लेटकर हुक्का पीने लगा।

गदल भीतर रोने लगी, परन्तु इतनी धीरे कि उसकी सिसकी तक मौनी नहीं सुन सका। आज गदल का मन बहा जा रहा था।

रात का तीसरा पहर बीत रहा था। मौनी की नाक बज रही थी! गदल ने पूरी शक्ति लगाकर छप्पर का कोना उठाया और साँपिन की तरह उसके नीचे से रेंगकर दूसरी ओर कूद गयी।

मौनी रह-रहकर तड़पता था। हिम्मत नहीं होती थी जाकर सीधे गाँव में

हल्ला करें और लट्ठ के बल पर गदल को उठा लाये। मन करता, सुसरी का टाँगें तोड़ दें। दुल्लो ने व्यंग्य भी किया कि उसकी लुगाई भागकर नाक कटा गयी है, खून का-सा घूँट पीकर रह गया। गूजरों ने जब सुना, तो कहा—अरे बुढ़िया के लिए खून-खराबी करायेगा और अभी तेरा उसने खरच ही क्या कराया है, दो जून रोटी खा गयी है तो तुझे टिक्कड़ खिलाकर ही गयी है?

मौनी का क्रोध भड़कता।

घोटया का गिर्राज सुना गया था।

जिस वक्त गदल पहुँची, पटेल बैठा था। निहाल ने कहा—खबरदार! भीतर पाँव न धरियो! क्यों लौट आयी है?

पटेल चौंका था। बोला—अब, क्या लेने आयी है, बहू?

गदल बैठ गयी। कहा—जब छोटी थी, तभी मेरा देवर लड्ड बाँध मेरे खसम के साथ आया था। इसी के हाथ देखती रह गयी थी मैं तो। सोचा था, मरद है, इसकी छत्तरछाया में जी लूँगी। बताओ, पटेल, वह ही जब मेरे आदमी के मरने के बाद मुझे न रख सका, तो क्या करती? अरे, मैं न रही, तो इससे क्या हुआ? दो दिन में काका उठ गया न? इनके सहारे में रहती तो क्या होता?

पटेल ने कहा—पर तूने बेटा-बेटी की उमर न देखी, बहू!

ठीक है—गदल ने कहा—उमर देखती कि इज्जत, यह कहो। मेरी देवर से रार थी, खतम हो गयी। बेटा है, मैंने कोई बिरादरी के नेम के बाहर की बात की हो तो रोककर मुझ पर दावा करो। पंचायत में जवाब दूँगी। लेकिन बेटों ने बिरादरी के मुँह पर थूका, तब तुम सब कहाँ थे।

—सो कब? —पटेल ने आश्चर्य से पूछा।

—पटेल ने कहें, तो कौन कहेगा? पच्चीस आदमी खिलाकर टाल दिया मेरे मरद के कारज में।

—पर पगली, यह तो सरकार का कानून था।

—कानून था! —गदल हँसी—सारे जग में कानून चल रहा है, पटेल? दिन-दहाड़े भैंसे खोलकर लायी जाती हैं। मेरे ही मरद पर कानून था? यों न कहो, बेटों ने सोचा, दूसरा अब क्या धरा है क्यों पैसा बिगाड़ते हो? कायर कहीं के।

निहाल गरजा—कायर? हम कायर? तू सिंघनी?

—हाँ, मैं सिंघनी। —गदल तड़पी—बोल तुझमें है हिम्मत?

—बोल! —वह भी चिल्लाया।

—जा, बिरादरी कारज में न्योजा दे काका के! —गदल ने कहा। निहाल सकपका गया। बोला—पुलस...

गदल ने सीना ठोंककर कहा—बस?

—लुगाई बकती है। —पटेल ने कहा—गोली चलेगी, तो?

गदल ने कहा—धरम-धुरन्दरों ने तो डुबा ही दी। सारी गुजरात डूब ही गयी। माधो। अब किसी का आसरा नहीं। कायर ही कायर बसे हैं।

फिर अचानक कहा—मैं करूँ परबन्ध?

—तू? —निहाल ने कहा।

—हाँ मैं! —और उसकी आँखों में पानी भर आया। कहा—वह मरते बखत मेरा नाम लेता गया है न, तो उसका प्रबन्ध मैं ही करूँगी।

मौनी ने आश्चर्य से सुना था। गिर्राज ने ही बताया था कि कारज का जोरदार इन्तजाम है। गदल ने दारोगा को रिश्वत दी है। वह उधर आयेगा ही नहीं। गदल बड़ा इन्तजाम कर रही है। लोग कहते हैं, उसे अपने मरद का इतना गम नहीं हुआ था, जितना अब लगता है।

गिर्राज तो चला गया था, पर मौनी में विष भर गया था। उसने उठते हुए कहा—"तो गदल! तेरी भी मन की होने दूँ, सो गोला का मौनी नहीं! दारोगा का मुँह बन्द कर दे, पर उससे भी ऊपर एक दरबार है। मैं कस्बे में दारोगा से शिकायत करूँगा।"

7

कारज हो रहा था। पाँते बैठती, जीमती, उठ जातीं और कढ़ाव से पुए उतरते।

बाहर मरद इन्तजाम कर रहे थे, खिला रहे थे। निहाल और नरायन ने लड़ाई में महँगा नाज बेचकर जो घड़ों में नोटों को चाँदी बनाकर डाला था, वह निकली और बोहरे का कर्ज चढ़ा। पर डाँग में लोगों ने कहा—गदल का ही बूता था। बेटे तो हार बैठे थे। कानून क्या बिरादरी से ऊपर है!

गदल थक गयी थी। औरतों में बैठी थी। अचानक द्वार में से सिपाही-सा दीखा। बाहर आ गयी। निहाल सिर झुकाये खड़ा था।

—क्या बात है, दीवानजी? —गदल ने बढ़कर पूछा।

स्त्री का बढ़कर पूछना देख, दीवान सकपका गया।

निहाल ने कहा—कहते हैं कारज रोक दो।

—सो कैसे? —गदल चौंकी।

—दारोगाजी ने कहा है। —दीवानजी ने नम्र उत्तर दिया।

क्यों? उनसे पूछकर ही तो किया जा रहा है। —उसका स्पष्ट संकेत था कि रिश्वत दी जा चुकी है।

दीवान ने कहा—जानता हूँ, दारोगाजी तो मेल-मुलाकात मानते हैं, पर किसी ने बड़े दारोगाजी के पास शिकायत पहुँचायी है, दारोगाजी को आना ही पड़ेगा। इसी से उन्होंने कहला भेजा है कि भीड़ छाँट दो, बर्ना कानूनी कार्यवाही करनी ही पड़ेगी।

क्षण भर गदल ने सोचा। कौन होगा वह? समझ नहीं सकी। बोली—दारोगाजी ने पहले नहीं सोचा था यह सब, अब बिरादरी को उठा दें? दीवानजी, तुम भी बैठकर पत्तल परोसवा लो। होगी जो देखी जायेगी। हम खबर भेज देंगे, दारोगा आते ही क्यों हैं? वे तो राजा हैं।

दीवान जी ने कहा—सरकारी नौकरी है, चली न जायेगी? आना ही होगा उन्हें।

—तो आने दो! गदल ने चुभते स्वर से कहा—आदमी का वचन एक बार का होता है। हम बिरादरी को नहीं उठा सकते।

नरायन घबराया। दीवानजी ने कहा—सब गिरफ्तार कर लिए जायेंगे। समझी। राज से टक्कर लेने की कोशिश न करो!

—अरे, तो राज क्या बिरादरी से ऊपर है? —गदल ने तमककर कहा—राज के पीछे तो आज तक पिसे हैं, पर राज के लिए धरम नहीं छोड़ देंगे, सुन लो। तुम धरम छीन लो, तो हमें जीना हराम है!

गदल पाँव धमाके से धरती चली गयी।

तीन पाँते और उठ गयी, अन्तिम पाँत थी।

निहाल ने अँधेरे में देखकर कहा—नरायन जल्दी कर। एक पाँत बची है न?

गदल ने छप्पर की छाया में से कहा—निहाल!

निहाल गया।

डरता है? —गदल ने पूछा।

सूखे होंठों पर जीभ फेरकर उसने कहा—नहीं।

—मेरी कोख की लाज करनी होगी तुझे। —गदल ने कहा—तेरे काका ने तुझको बेटा समझकर अपना दूसरा ब्याह नामंजूर कर दिया था। याद रखना, उसके और कोई नहीं।

निहाल ने सिर झुका लिया।

भागा हुआ एक लड़का आया।

—दादी! —वह चिल्लाया।

—क्या है रे? —गदल ने सशंक होकर देखा।

—पुलिस हथियार बन्द होकर आ रही है।

—निहाल ने गदल की ओर रहस्यभरी दृष्टि से देखा।

गदल ने कहा—पाँत उठने में ज्यादा देर नहीं है।

—लेकिन वे कब मानेंगे?

—उन्हें रोकना होगा।

—उनके पास बन्दूके हैं।

—बन्दूकें हमारे पास भी हैं, निहाल। गदल ने कहा—डाँग में बन्दूकों की क्या कमी।

—पर हम फिर क्या खायेंगे?

—जो भगवान देगा।

बाहर पुलिस की गाड़ी का भोंपू बजा। निहाल आ बढ़ा। दारोगा ने उतर कर कहा—यहाँ दावत हो रही है?

निहाल भौंचक रह गया। जिस आदमी ने रिश्वत ली थी, अब वह पहचान भी नहीं रहा था।

—हाँ। हो रही है —उसने क्रुध स्वर में कहा।

—पच्चीस आदमी से ऊपर हैं?

—गिनकर हम नहीं खिलाते दरोगाजी।

मगर तुम कानून तो नहीं तोड़ सकते?

—कानून राज कल का है, मगर बिरादरी का कानून सदा का है। हमें राज नहीं लेना है, बिरादरी से काम है।

—तो मैं गिरफ्तार करूँगा।

गदल ने पुकारा—निहाल!

निहाल भीतर गया।

—गदल ने कहा—पंगत खत्म होने तक इन्हें रोकना होगा।

—फिर?

—फिर सबको पीछे से निकाल देंगे। अगर कोई पकड़ा गया, बिरादरी क्या कहेगी?

—पर ये वैसे रुकेंगे। गोली चलायेंगे।

—तू न डर। छत पर नारायन चार आदमियों के साथ बन्दूकें लिये बैठा है।

निहाल काँप उठा। उसने घबरये हुए स्वर से समझाने की कोशिश की—हमारी टोपीदार है, उनकी रफल हैं।

—कुछ भी हो, पंगत उतर आयेगी।

—और फिर?

—तुम सब भागना।

हठात् लालटेन बुझ गयी।

धायँ-धायँ की आवाज आयी। गोलियाँ अन्धकार में चलने लगी।

गदल ने चिल्लाकर कहा—सौगन्ध है, खाकर उठना।

पर सबको जल्दी की फिकर थी।

बाहर धायँ-धायँ हो रही थी। कोई चिल्लाकर गिरा।

पाँत पीछे से निकलने लगी।

जब सब चले गये, गदल ऊपर चढ़ी। निहाल से कहा—बेटा!

उसके स्वर की अखण्ड ममता सुनकर निहाल के रोंगटे उस हलचल में भी खड़े हो गये। इससे पहले कि वह उत्तर दें, गदल ने कहा—तुझे मेरी कोख की सौंगन्ध है। नरायन को और बहु-बच्चों को लेकर निकल जा पीछे से।

—और तू?

—मेरी फिकर छोड़! मैं देख रही हूँ, तेरा काका मुझे बुला रहा है।

निहाल ने बहस नहीं की! गदल ने एक बन्दूकवाले से भरी बन्दूक लेकर कहा—चले जाओ सब, निकल जाओ।

सन्तान के मोह से जकड़े हुए युवकों को आपत्ति ने अन्धकार में विलीन कर दिया।

गदल ने घोड़ा दबाया। कोई चिल्लाकर गिरा। वह हँसी। विकराल हास्य उस अन्धकार में गूँज उठा।

दारोगा ने सुना, तो चौंका। औरत! मरद कहाँ गये! उसके कुछ सिपाहियों ने पीछे से घिराव डाला और ऊपर चढ़ गये। गोली चलायी। गदल के पेट में लगी।

8

युद्ध समाप्त हो गया था। गदल रक्त से भीगी पड़ी हुई थी। पुलिस के जवान इकट्ठे हो गये।

दारोगा ने पूछा...यहाँ तो कोई नहीं है

—हजूर! —एक सिपाही ने कहा—यह औरत है।

दारोगा आगे बढ़ आया! उसने देखा और पूछा—तू कौन है?

गदल मुस्कुरायी और धीरे से कहा—कारज हो गया, दारोगाजी। आत्मा को शान्ति मिल गयी।

दारोगा ने झल्लाकर कहा—पर तू कौन है?

गदल ने और भी क्षीण स्वर में कहा—जो एक दिन अकेला न रह सका, उसी की...

और सिर लुढ़क गया। उसके होठों पर मुस्कुराहट ऐसी ही दिखाई दे रही थी, जैसे अब पुराने अन्धकार में जलाकर लायी हुई—पहले की बुझी लालटेन...।

ओमप्रकाश वाल्मीकि

ओमप्रकाश वाल्मीकि वर्तमान दलित साहित्य के प्रतिनिधि रचनाकारों में से एक हैं। हिन्दी में दलित साहित्य के विकास में ओमप्रकाश वाल्मीकि की महत्त्वपूर्ण भूमिका रही है। ओमप्रकाश वाल्मीकि का जन्म 30 जून 1950 को मुजफ्फरनगर (उत्तर प्रदेश) जिले के बरला गाँव में एक अछूत वाल्मीकि परिवार में हुआ। उन्होंने अपनी शिक्षा अपने गाँव और देहरादून से प्राप्त की। उनका बचपन सामाजिक एवं आर्थिक कठिनाइयों में बीता। आरम्भिक जीवन में उन्हें जो आर्थिक, सामाजिक और मानसिक कष्ट झेलने पड़े उसकी उनके साहित्य में मुखर अभिव्यक्ति हुई है। वाल्मीकि कुछ समय तक महाराष्ट्र में रहे। वहाँ वे दलित लेखकों के सम्पर्क में आये और उनकी प्रेरणा से डॉ. भीमराव अम्बेडकर की रचनाओं का अध्ययन किया। इससे उनकी रचना-दृष्टि में बुनियादी परिवर्तन हुआ। वे देहरादून स्थित आर्डिनेंस फैक्टरी में एक अधिकारी के रूप में काम करते हुए अपने पद से सेवानिवृत्त हो गये।

वाल्मीकि के अनुसार दलितों द्वारा लिखा जाने वाला साहित्य ही दलित साहित्य है। उनकी मान्यतानुसार दलित ही दलित की पीड़ा को बेहतर ढंग से समझ सकता है और वही उस अनुभव की प्रामाणिक अभिव्यक्ति कर सकता है। इस आशय की पुष्टि के तौर पर रचित अपनी आत्मकथा 'जूठन' में उन्होंने वंचित वर्ग की समस्याओं पर ध्यान आकृष्ट किया है।

ओमप्रकाश वाल्मीकि ने अस्सी के दशक से लिखना शुरू किया, लेकिन साहित्य के क्षेत्र में वे चर्चित और स्थापित हुए 1997 में प्रकाशित अपनी आत्मकथा 'जूठन' से। इस आत्मकथा से पता चलता है कि किस तरह वीभत्स उत्पीड़न के बीच एक दलित रचनाकार की चेतना का निर्माण और विकास होता है। किस तरह लम्बे समय से भारतीय समाज-व्यवस्था में सबसे निचले पायदान पर खड़ी 'चूहड़ा' जाति का एक बालक ओमप्रकाश सवर्णों से मिली चोटों-कचोटों के बीच परिस्थितियों से संघर्ष करता हुआ दलित आन्दोलन का क्रान्तिकारी

योद्धा ओमप्रकाश वाल्मीकि बनता है। दरअसल, यह दलित चेतना के निर्माण का दहकता हुआ दस्तावेज़ है।

प्रमुख कृतियाँ

कविता संग्रह : सदियों का संताप, बस बहुत हो चुका, अब और नहीं, शब्द झूठ नहीं बोलते।

कहानी संग्रह : सलाम, घुसपैठिए, अम्मा एंड अदर स्टोरीज, छतरी।

आत्मकथा : जूठन (अनेक भाषाओं में अनुवाद)।

आलोचना : दलित साहित्य का सौन्दर्य शास्त्र, मुख्यधारा और दलित साहित्य, सफाई देवता।

दलित साहित्य : अनुभव, संघर्ष एवं यथार्थ।

नाटक : दो चेहरे, उसे वीर चक्र मिला था।

अनुवाद : सायरन का शहर (अरुण काले) कविता-संग्रह का मराठी से हिन्दी में अनुवाद, मैं हिन्दू क्यों नहीं (कांचा एलैया) की अंग्रेजी पुस्तक का हिन्दी अनुवाद, लोकनाथ यशवंत की मराठी कविताओं का हिन्दी अनुवाद।

अन्य : 60 से अधिक नाटकों में अभिनय, मंचन एवं निर्देशन, अनेक राष्ट्रीय-अन्तर्राष्ट्रीय सेमीनारों में भागीदारी।

सम्मान : डॉ. अम्बेडकर राष्ट्रीय पुरस्कार, परिवेश सम्मान, न्यू इंडिया बुक पुरस्कार, कथाक्रम सम्मान, 8वाँ विश्व हिन्दी सम्मेलन 2006 न्यूयॉर्क, अमेरिका सम्मान और साहित्यभूषण पुरस्कार (2008-2009) से अलंकृत किया जा चुका है।

17 नवम्बर 2013 को निधन।

घुसपैठिये

ओमप्रकाश वाल्मीकि

मेडिकल कॉलेज के छात्र सुभाष सोनकर की खबर से शहर की दिनचर्या पर कोई फ़र्क़ नहीं पड़ा था। अख़बारों ने इसे आत्महत्या का मामला बताया था। एक ही साल में यह दूसरी मौत थी मेडिकल कॉलेज में। फाइनल वर्ष की सुजाता की मौत को भी आत्महत्या का केस कहकर रफ़ा-दफ़ा कर दिया गया था। किसी ने भी आत्महत्या के कारणों की पड़ताल करना जरूरी नहीं समझा था। लगता था जैसे इस शहर की संवेदनाओं को लकवा मार गया है। दो-दो हत्याओं के बाद भी यह शहर गूँगा ही बना रहा।

राकेश के दफ्तर पहुँचते ही फोन की घंटी बजी। रमेश चौधरी का फोन था। उसने काँपती आवाज में कहा था, "राकेश साहब, सुभाष सोनकर बलि चढ़ गया है..."

"क्या?..." राकेश ने लगभग चीखते हुए पूछा।

"अभी और कितनी हत्याएँ होंगी राकेश साहब ?..." रमेश ने अपनी बात जारी रखी थी, "आखिर सोनकर का अपराध क्या था?...सिर्फ इतना कि माँ-बाप उसे डॉक्टर बनाना चाहते थे।" रमेश चौधरी का एक-एक शब्द गहरी वेदना से बाहर आ रहा था।

राकेश काठ की तरह जड़ हो गया था। रमेश चौधरी की भर्राई आवाज जैसे हज़ारों मील दूर से आ रही थी। जिसे वह ठीक से सुन नहीं पा रहा था। सोनकर की मौत का राकेश को विश्वास ही नहीं हो रहा था। राकेश को लग रहा था जैसे रमेश चौधरी किसी गहरी खाई में खड़ा है। जहाँ से प्रतिध्वनित होकर आ रही आवाज धीमी हो गयी थी। जिसे सुन पाना राकेश के लिए कठिन महसूस हो रहा था।

सुभाष सोनकर का उदास चेहरा राकेश की आँखों के सामने बार-बार आ रहा था। उसे लगा फोन उसकी पकड़ से फिसल रहा है।

उसकी स्मृति में वह दिन दस्तक देने लगा, जब रमेश चौधरी सुभाष सोनकर और उसके मित्रों को लेकर आया था।

उस रोज वह दफ्तर से घर आते ही अख़बार लेकर बैठ गया था। रसोई में इन्दु की खटर-पटर चल रही थी। बच्चे दूसरे कमरे में अपना होमवर्क कर रहे थे। घर का वातावरण शान्त था, लेकिन दफ्तर से आते ही अखबार से चिपक जाना इन्दू को चिढ़ाने के लिए काफी था। उसने व्यंग्य से पूछा, "कहीं जाना है क्या ?"

"नहीं...क्यों?" राकेश हड़बड़ा गया था।

"कपड़े नहीं बदले...?" इन्दू ने शंका जाहिर की।

राकेश ने कोई उत्तर नहीं दिया। दरअसल वह कुछ बेचैन था। दफ्तर में रमेश चौधरी का फोन आया था। कुछ जरूरी बात करना चाहता था। शाम को घर आयेगा। राकेश ने टालने की बहुत कोशिश की थी, लेकिन रमेश चौधरी माना ही नहीं था। राकेश ने कहा भी था, "दफ्तर में ही आ जाओ।" लेकिन रमेश चौधरी ने कहा था, "नहीं, बात कुछ ऐसी ही है जो दफ्तर में नहीं हो सकती है।"

रमेश चौधरी सामाजिक कार्यकर्ता है। अक्सर किसी न किसी बहाने वह राकेश के पास आता ही रहता है। जब भी वह आता है राकेश अव्यवस्थित हो उठता है। उससे जितना बचने का प्रयास करो, वह उतना ही पीछे पड़ा रहता है। रमेश चौधरी के बोलने का अन्दाज कुछ ऐसा था कि सामनेवाला व्यक्ति सहज नहीं रह पाता था।

"...तुम लोग अपने आपको समझते क्या हो? तुम लोगों को सिर्फ बड़े-बड़े प्रमोशन चाहिए, वे भी आरक्षण के भरोसे। बच्चों को स्कूल-कॉलेज में एडमिशन भी कोटे से ही चाहिए। लेकिन इस कोटे को बचाए रखने के लिए जब कुछ करने की नौबत आती है तो तुम लोगों को जरूरी काम निकल आते हैं या फिर दफ्तर से छुट्टी नहीं मिलती। तब रमेश चौधरी ही बनेगा बलि का बकरा। गालियाँ भी वही खाएगा। देखो साहब...अगर भीड़ का हिस्सा बनने में आप लोगों को खतरा दिखाई देता तो ऐसी संस्थाओं को चंदा दो जो तुम्हारे हितों के लिए काम करती हैं...तुम लोग इसी तरह उदासीन बने रहे तो वह दिन दूर नहीं जब आरक्षण को ये लोग हजम कर जायेंगे....बाबा साहब तो हैं नहीं...और बाबा साहब के नुमाइन्दे बनने का जो ढोंग कर रहे हैं वे भी संसद में पहुँचते ही गीदड़ बनकर उनकी गोद में बैठ जाते हैं जो आरक्षण विरोधी हैं, और तरह-तरह की नौटंकियाँ करने में माहिर हैं। न्यायाधीशों से फैसले दिलवाएँगे कि अब मेडिकल और इंजीनियरिंग में आरक्षण से दाखिला नहीं मिलेगा। इससे प्रतिभाएँ नष्ट होती हैं...जैसे प्रतिभाएँ इनकी गुलाम हैं और सिर्फ़ इनके घरों में ही जन्मती हैं...अरे इतने ही प्रतिभावान थे तो देश की यह हालत कैसे हो गयी..."

ऐसे संवादों से राकेश आएँ-बाएँ देखने लगता है। और यदि यह वार्तालाप

घर में चल रहा होता तो इन्दु को लगता है जैसे अड़ोसी-पड़ोसी कान लगाकर सुन रहे हैं। इस वार्तालाप से इन्दु ऐसी उखड़ती है कि कई-कई दिन तक घर में गोलाबारी चलती ही रहती है। ऐसे में राकेश एकतरफा युद्धविराम घोषित करके आत्मसमर्पण की मुद्रा अख़्तियार कर लेता है।

इन्दु घुमा-फिराकर यही कहती है :

"...तुम चाहे जितने बड़े अफसर बन जाओ, मेल-जोल इन लोगों से ही रखोगे, जिन्हें यह तमीज़ भी नहीं है कि सोफे पर बैठा कैसे जाता है...तुम्हें इनसे यारी-दोस्ती करना है तो घर से बाहर ही रखो...आस पड़ोस में जो थोड़ी-बहुत इज़्ज़त है, उसे भी क्यों ख़त्म करने पर तुले हो...गले में ढोल बाँधकर मत घूमो... यह जो सरनेम लगा रखा है...यही क्या कम है...कितनी बार कहा है कि इसे बदलकर कुछ अच्छा-सा सरनेम लगाओ...बच्चे बड़े हो रहे हैं...इन्हें कितना सहना पड़ता है। कल पिंकी की सहेली कह रही थी...रैदास तो जूते बनाता था...तुम लोग भी जूते बनाते हो...पिंकी रोते हुए घर आयी थी...मेरा तो जी करता है बच्चों को लेकर कहीं चली जाऊँ..." इन्दु की यह तानाकशी राकेश को बौना बना देती है। वह खुद अपराध बोध से भर जाता है।

बस अखबार खोलकर बैठ जाता है। ऐसे अखबार की सुर्खियाँ गड्डमड्ड होकर काले धब्बों में बदल जाती हैं। और राकेश को लगने लगता है जैसे वह सुरक्षित है।

दरवाजे की घंटी बजने से उसकी विचार तन्द्रा टूट गयी थी। उसने दरवाजा खोला। रमेश चौधरी ही था। उसके साथ चार युवा और थे। वे सब अन्दर आकर इधर-उधर पसर गये थे। राकेश उन्हें गौर से देख रहा था। सभी के चेहरों पर हवाइयाँ उड़ रही थीं। उदास चेहरों पर भय की परछाइयाँ दिखाई पड़ रही थीं।

वे सभी चुप थे। सभी अपने-अपने खोल में सिमटे हुए थे। खोल से बाहर आने की छटपटाहट उनके चेहरों से ज्यादा उनकी आँखों में थी। उनकी दशा देखकर राकेश के मन में कई तरह की शंकाएँ पनपने लगी थीं।

रमेश चौधरी ने चुप्पी तोड़ते हुए कहा, "राकेश साहब, यह है अमरदीप, ये विकास चौधरी, ये नितिन मेश्राम और ये सुभाष सोनकर। सभी मेडिकल कॉलेज के छात्र हैं। अमरदीप और नितिन मेश्राम फाइनल वर्ष में हैं और ये दोनों प्रथम वर्ष में हैं। आपसे मिलना चाहते थे।"

"हाँ...जरूर..." राकेश ने सहज भाव से कहा।

अमरदीप हिचकते हुए बोला, "सर ! हम लोग बहुत बड़ी परेशानी में हैं... समझ नहीं आ रहा है क्या करें?" अमरदीप पल-भर के लिए रुका। खुद को व्यवस्थित करते हुए बोला, "मेडिकल कॉलेज के जो हालात हैं, उसमें हमारे लिए

पढ़ाई जारी रखना दिन-प्रतिदिन कठिन हो रहा है। ये साल हमने जिन यातनाओं के साथ गुजारे हैं...हम ही जानते हैं। कई बार तो लगता था पढ़ाई छोड़कर वापस लौट जायें...लेकिन माँ-बाप की उम्मीदें रास्ता रोककर मजबूर कर देती हैं। उन सब यातनाओं के साथ पढ़ाई जारी रखना...बहुत तकलीफदेह है...एक रोज तो मैंने आत्महत्या तक करने का निश्चय कर लिया था।'' निराशा और हताशा से लबरेज अमरदीप के शब्दों ने साँझ के धुँधलकों को और अधिक गहरा दिया था। अमरदीप के अन्तस से गूँजती चीत्कारें साफ-साफ सुनाई पड़ रही थीं।

माहौल गमगीन हो गया था। राकेश के हृदय में जैसे कम्पन बढ़ गये थे। अपने ही अन्तर्मन की हिलोरों पर तैरता अमरदीप बोला, ''कल पूरा दिन होस्टल के एक कमरे में विकास चौधरी और सुभाष सोनकर को दरवाजा बन्द करके पीटा गया।''

''क्यों...? क्या रैगिंग चल रही थी?'' राकेश ने हैरानी से पूछा।

''रैगिंग होती तो फर्स्टइयर के सभी छात्रों के साथ यह सुलूक होता। लेकिन वहाँ तो सिर्फ इन दोनों को ही पीटा गया,'' अमरदीप ने जोर देकर कहा।

''दलित छात्रों को अलग खड़ा करके अपमानित करना तो रोज का किस्सा है। प्रवेश परीक्षा के प्रतिशत अंक पूछकर थप्पड़ या घूँसों से प्रहार होता है। जरा भी विरोध किया तो लात पड़ती है। यह दो-चार दिन नहीं साल के साल चलता है। और यह पिटाई कॉलेज या छात्रावास तक ही सीमित नहीं है। शहर से कॉलेज तक जानेवाली बस में भी पिटाई होती है। कोई एक सीनियर चलती बस में चिल्लाकर कहता है, इस बस में जो भी चमार स्टूडेंट है...वह खड़ा हो जाये... फिर उसे धकियाकर पिछली सीटों पर ले जाया जाता, जहाँ पहले से बैठे सीनियर लात, घूँसों से उसका स्वागत करते हैं।'' अमरदीप ने हालात का ब्योरा दिया।

''यह तो सरासर जुल्म है,'' राकेश ने उत्तेजित होते हुए कहा। अमरदीप ने राकेश की ओर देखा,...''अभी कुछ दिन पहले ऐसी ही बस में फाइनल के प्रणव मिश्रा ने चिल्लाकर अवाज लगाई तो उस बस में सुभाष सोनकर था, जो प्रणव की आवाज पर चुपचाप रहा। सोनकर के पास जो छात्र बैठा था, उसने इशारे से बता दिया कि सोनकर यहाँ बैठा है। प्रणव मिश्रा अपनी अवहेलना पर तिलमिला गया। सोनकर के बाल पकड़कर अपनी ओर खींचे, 'क्यों बे चमरटे सुनाई नहीं पड़ा हमने क्या कहा था?' सोनकर ने अपने बाल छुड़ाने की कोशिश की...मैं चमार नहीं हूँ। बालों की पकड़ मजबूत थी। सोनकर कराह उठा। प्रणव मिश्रा का झन्नाटेदार थप्पड़ सोनकर के गाल पर पड़ा...(गाली)...चमार हो या सोनकर...ब्राह्मण तो नहीं हो...हो तो सिर्फ कोटेवाले...बस इतना ही काफ़ी है,

प्रणव मिश्रा ने सोनकर को लात-घूँसों से अधमरा कर दिया। पूरी बस में ठहाके गूँज रहे थे...बाबा साहब के नाम पर गालियाँ दी जा रही थीं। प्रणव मिश्रा के इस शौर्य पर उसे शाबाशियाँ मिल रही थीं।''

राकेश ने सोनकर की ओर देखा। वह अपराधी की मुद्रा में सिर झुकाए बैठा था। सोनकर के चेहरे पर चोट के निशान और गहरे हो गये थे।

रमेश चौधरी भी खामोश था। लेकिन उसके चेहरे की मांसपेशियाँ कसी हुई थीं। चेहरे का रंग बदल रहा था। रसोई में इन्दु की खटर-पटर और तेज हो गयी थी। इन्दु के खँखारने का स्वर राकेश के लिए संकेत था...'अज़ी, आप इन पचड़ों में न पड़ो।' रसोई के कामकाज के दौरान भी इन्दु के कान इन लोगों की बातचीत पर ही लगे थे।

इन्दु का जो नजरिया था, वह सामाजिक प्रताड़ना का प्रतिफल था। वह एक सहज जीवन जीना चाहती थी। उसे लगता था राकेश को इन झमेलों से बचना चाहिए। वह इसी कोशिश में लगी रहती थी कि आस-पड़ोस के लोग उनके बारे में न जान पायें कि वे कौन हैं? उसे यह सब बहुत सुरक्षित लगता था। लेकिन राकेश उनकी व्यथा-कथा से विचलित हो गया था। उसे महसूस हो रहा था कि वे सब किसी घने बियाबान जंगल में फँस गये हैं जहाँ चारों ओर सिर्फ अँधेरा है या कँटीले झाड़-झंखाड़।

इन्दु रसोई से निकलकर बेडरूम में चली गयी थी। जहाँ बच्चे अपने होमवर्क में मशगूल थे। कुछ ही क्षण बाद राकेश का आठ वर्षीय पुत्र बाहर आया। आदेशात्मक लहजे में राकेश से बोला, ''पापा ! मेरा होमवर्क कराओ।''

''हाँ, बेटे, बस अभी कराते हैं, दस मिनट में....जरा रमेश अंकल से बात कर लें...तब तक तुम अपनी ड्राईंग बना लो,'' राकेश ने उसे बहला-फुसलाकर वापस भेज दिया। राकेश इन्दु का इशारा समझ रहा था। ''इन्हें जल्दी भगाओ ...इन झंझटों से अपने आपको दूर रखो।''

राकेश कुछ अटपटा-सा गया था। रमेश चौधरी ने भी इशारा समझ लिया था। वह सहज बने रहना चाहता था। उसने राकेश को धीरे से कहा, ''साहब, हम आपका ज्यादा समय नहीं लेंगे...बस इन लड़कों को कोई रास्ता सुझाइए... डॉक्टर तो इन्हें बनना ही है....।''

राकेश गहरी सोच में था। उसे सूझ ही नहीं रहा था कि इन हालात में छात्रों को क्या करना चाहिए।

नितिन मेश्राम अभी तक चुप था। राकेश को गहरी सोच में डूबा देखकर बोला, ''होस्टल नं. एक में कमरा एलॉट हो जाने के बांद किसी दलित छात्र को

उसमें घुसने नहीं दिया जाता है। घूम-फिरकर होस्टल नं. दो में ही दलित छात्रों को रखा जाता है। यही स्थिति गर्ल्स होस्टल की भी है। वहाँ की सभी दलित लड़कियाँ एक ही होस्टल में रहती हैं। कॉलेज मैनेजमेंट को ये समस्याएँ गम्भीर नहीं लगतीं। उन्हें लगता है दलितों के लिए मेडिकल में आना अतिक्रमण करना है। जब उनसे शिकायत करते हैं तो ध्यान ही नहीं देते।''

नितिन मेश्राम मुखर हो उठा था, ''इतना ही नहीं, प्रैक्टिकल की परीक्षाओं में भी भेदभाव बरता जाता है। प्रणव मिश्रा मेरे ही बैच में है। न क्लासेज अटेंड करता है, न प्रैक्टिकल। फिर भी त्रिवेदी सर उसे ही सबसे ज्यादा अंक देते हैं। अटैंडेंस की भी समस्या नहीं होती।'' मेश्राम ने कटुता से कहा।

राकेश की स्मृतियों में अतीत दस्तक देने लगा था। जब वह पहली बार होस्टल गया था। उसे जो रूम एलॉट हुआ था उसमें पहले से एक छात्र था जिसने उसे अपने कमरे में घुसने ही नहीं दिया था। उसने साफ मना कर दिया था कि वह किसी भंगी-चमार के साथ अपना रूम शेयर नहीं कर सकता है। जब उसने होस्टल वार्डन से शिकायत की तो उसने भी उसकी जाति पूछी थी और उसे एक दलित छात्र के साथ रख दिया था। साथ ही उसे चेतावनी भी दी थी। 'अपनी औकात में रहो...वरना बाहर कर दूँगा।'

छात्रावास जीवन के दिन बहुत ही पीड़ादायक थे। एक-एक दिन जैसे यन्त्रणा से गुजर कर पार करना पड़ता था। मैस में भी अलग बैठना पड़ता था।

रमेश चौधरी ने राकेश की सोच को झटका दिया, ''साहब, अब आप ही बताइए क्या किया जाये?''

''तुम लोग डीन से मिले?'' राकेश ने सवाल किया।

''जी, मिले थे...उनका कहना है। आरक्षण से आये हो थोड़ा-बहुत तो सहना ही होगा। सवर्ण छात्रों की ज्यादतियों को वे अनुचित नहीं मानते। क्योंकि नाइंसाफी के खिलाफ ये प्रतिक्रिया है। आरक्षण के विरोध से उपजा आक्रोश,'' नितिन ने वितृष्णा से भरकर कहा।

''डीन ही नहीं प्रोफेसर भी इसी तरह की टिप्पणियाँ करते हैं, और प्रणव मिश्रा जैसे छात्रों को शह देते हैं,'' अमरदीप ने नितिन मेश्राम की बात का समर्थन किया।

सुभाष सोनकर अपने भीतर उठते गुस्से को दबाते हुए बोला, ''मैंने अपनी मेडिकल रिपोर्ट बनवाई थी। जिसे लेकर पुलिस थाने गया था रपट लिखाने। इंस्पेक्टर ने रिपोर्ट लिखने से साफ मना कर दिया था। यह तुम लोगों का अन्दरूनी मामला है। पुलिस को क्यों घसीटते हो...अब आप ही बताइए। आख़िर हम जायें

तो कहाँ जायें। इन स्थितियों में ठीक से पढ़ाई में भी एकाग्र हो जाना मुश्किल हो जाता है।''

रमेश चौधरी ने अख़बारों को भी रपट भेजी थी जिसमें दलित छात्रों के उत्पीड़न को मुख्य मुद्दा बनाया था। लेकिन अख़बारों ने इसे रैगिंग कहकर छापा। दलित छात्रों के साथ होनेवाली ज्यादतियों का कहीं जिक्र तक नहीं था।

विचार-विमर्श के बाद राकेश और रमेश चौधरी डीन से मिलकर समस्या का कोई न कोई समाधान तलाश करेंगे। जरूरत पड़ी तो किसी प्रभावशाली व्यक्ति से मिलकर बात करेंगे।

मेडिकल कॉलेज के डीन डॉक्टर भगवती उपाध्याय से मिलने पर उन्हें निराशा ही हाथ लगी। डीन का कहना था कि आरक्षण से मेडिकल का स्तर गिर रहा है। राकेश ने उन्हें टोकते हुए कहा था, ''डॉक्टर साहब, हम यहाँ आरक्षण के पक्ष या विपक्ष पर चर्चा करने नहीं दलित छात्रों की समस्याएँ लेकर आये हैं।''

डीन उनकी कोई भी सुने बगैर आरक्षण से होनेवाले नुकसान पर ही बोल रहे थे। उनकी धारणा थी कि कम योग्यतावाले जब सरकारी हस्तक्षेप से मेडिकल जैसे संस्थानों में घुसपैठ करेंगे तो हालात तो दिन-प्रतिदिन खराब होंगे ही। उन छात्रों का क्या दोष जो अच्छे अंक लेकर पास हुए हैं।

राकेश बहस से बचना चाह रहा था, ''डॉक्टर साहब, आरक्षण पर हम लोग फिर कभी चर्चा कर लेंगे, अभी तो उन हालात का कोई समाधान निकालिए, जिनकी हमने चर्चा की है। दलित छात्रों का उत्पीड़न रोकिये।''

''देखिए, छोटी-मोटी घटनाओं को इतना तूल मत दें। दलित उत्पीड़न जैसा मेरे कॉलेज में कुछ नहीं है। और मैं इन वाहियात चीजों को नहीं मानता। हमारे घर में तो भंगिन को भी 'अम्मा' कहा जाता था,'' डीन जैसे अपने आप से बाहर ही नहीं निकल रहे थे।

राकेश और रमेश चौधरी बौखलाकर उठ आये थे। दलित छात्रों का मेडिकल में आना डीन की दृष्टि में घुसपैठ थी। रमेश चौधरी ने स्वयं को बहुत मुश्किल से काबू में रखा था। शायद राकेश के कारण।

कई दिन वे दोनों अनेक गण्यमान्य लोगों से मिले। लेकिन सभी जगह उन्हें निराशा ही हाथ लगी। अनेक दलित अधिकारियों के पास वे गये। उनका रवैया भी निराशाजनक ही था। वे कोई जोखिम नहीं उठाना चाहते थे। उनका कहना था, मामले उठाने से दलित छात्रों का नुकसान होगा।

दस-पन्द्रह दिन के अथक प्रयासों के बाद भी कोई सुगबुगाहट वे पैदा करने में असफल रहे थे। निराश होकर रमेश चौधरी ने कहा था, ''राकेश साहब अब

तो आपने खुद ही देख लिया...मैं इन लोगों से क्यों कड़वी बात करता हूँ....''

राकेश भी अधिकारी था। लेकिन वह छात्रों की मदद करना चाहता था, सामाजिक उत्तरदायित्व समझकर। सरकारी अफसर ऐसे कामों से बचने की कोशिश करते थे। उन्हें डर था, कहीं इन हादसों के छींटों में वे भीग न जायें। उन्हें दलित होने का भय हर वक्त सालता है।

रमेश ने जुलूस निकालने की योजना बना ली थी। तारीख भी तय हो गयी थी। लेकिन अचानक सुभाष सोनकर की आत्महत्या ने सबकुछ बदलकर रख दिया था। सबसे ज्यादा सदमा पहुँचा था रमेश चौधरी को। इस खबर से वह गुस्से से बिफर पड़ा था। राकेश को जब उसने सोनकर की आत्महत्या का समाचार दिया उस वक्त वह आपे से बाहर था।

सोनकर को पहली ही परीक्षा में फेल कर दिया गया था। क्योंकि उसने प्रणव मिश्रा के खिलाफ पुलिस में नामजद रपट लिखाने का दुस्साहस किया था, डीन और अन्य प्रोफेसरों तक शिकायत पहुँचाने की हिमाकत की थी, यह भूलकर कि वह इस चक्रव्यूह में अकेला फँस गया है, जहाँ से बाहर आने के लिए उसे कौरवों की कई अक्षौहिणी सेना और अनेक महारथियों से टकराना पड़ेगा। परीक्षाफल का व्यूह भेदकर सोनकर बाहर नहीं आ पाया था। कई महारथियों ने निहत्थे सोनकर की हत्या कर दी थी। जिसे आत्महत्या कहकर प्रचारित किया गया था।

रमेश चौधरी से फोन पर यह समाचार पाकर राकेश भी गहरे अवसाद से भर गया था। उसे विश्वास ही नहीं हो रहा था कि इतनी कुशाग्र बुद्धि का सोनकर आत्महत्या कर सकता है। फोन पर रमेश की आक्रोशित आवाज सुनकर राकेश की उलझनें और ज्यादा बढ़ गयी थीं। उसके काँपते हाथ में थमा फोन भी थरथरा गया था। बहुत मुश्किल से राकेश फोन क्रेडिल पर रख पाया था....राकेश ने स्वयं को सँभालने का प्रयास किया। फिर भी उसे लग रहा था जैसे उसका हृदय डूब रहा है। वह धम्म से कुर्सी में धँस गया। उसके मुँह से अस्फुट शब्द निकले, ''सोनकर यह क्यों किया तुमने....!''

राकेश का मन बुरी तरह उचट गया था। दफ्तर के काम में भी मन नहीं लग रहा था। वह दफ्तर से उठकर जाने ही वाला था, फोन की घंटी बज उठी। रमेश चौधरी का फोन था। धीर-गम्भीर आवाज में बोल रहा था, ''राकेश साहब, कल पोस्टमार्टम के बाद सोनकर की लाश का अन्तिम संस्कार मेडिकल कॉलेज के मुख्य गेट पर होगा...आपमें साहस हो तो पहुँच जाना....''

रमेश चौधरी के शब्दों में छिपी आँच को उसने महसूस कर लिया था। वह अभी तक सोनकर की मौत के सदमे से उबर नहीं पाया था कि रमेश चौधरी

के इस फैसले ने उसे पेसोपेश में डाल दिया था। सोनकर का चेहरा बार-बार उसकी आँखों में उतर रहा था। राकेश अपने भीतर उठनेवाली बेचैनी को जितना दबाने की कोशिश कर रहा था, वह उतनी ही तीव्रता से बढ़ रही थी। वह फिर से कुर्सी पर बैठ गया था। सोनकर का चेहरा उसे उद्वेलित कर रहा था। सोनकर की जद्दोजहद राकेश की अपनी पीड़ा बन गयी थी। उसने एक गहरी साँस ली और झटके से उठकर खड़ा हो गया था। उसने तय कर लिया था, वह सोनकर की अन्तिम यात्रा में शामिल ही नहीं होगा, उसे कन्धा भी देगा।

सूर्यबाला

25 अक्तूबर 1943 को वाराणसी में जन्मी सूर्यबाला ने वाराणसी विश्वविद्यालय से हिन्दी साहित्य में पीएच.डी. की है। कार्य का प्रारम्भ आर्य महिला विद्यालय में अध्यापन से। 1972 में पहली कहानी 'सारिका' में प्रकाशित। 1975 में मुम्बई आने के बाद लेखन में विशेष प्रगति। 1975 में प्रकाशित पहला उपन्यास 'मेरे सन्धिपत्र' विशेष रूप से चर्चित। डॉ. सूर्यबाला ने अभी तक 150 से अधिक कहानियाँ, उपन्यास व हास्य व्यंग्य लिखे हैं। इनमें से अधिकांश हिन्दी की प्रसिद्ध पत्र-पत्रिकाओं में प्रकाशित हुए हैं। अनेक आकाशवाणी व दूरदर्शन पर प्रसारित हुए हैं और बहुतों का देश-विदेश की अनेक भाषाओं में अनुवाद हुआ है। देश-विदेश के रेडियो व टीवी चैनलों से उन्होंने अपनी रचनाओं का पाठ किया है और अनेक रचनाएँ कक्षा आठ से लेकर स्नातक व स्नातकोत्तर स्तर तक के पाठ्यक्रमों में शामिल हैं। समकालीन कथा साहित्य में सूर्यबाला का लेखन अपनी विशिष्ट भूमिका और महत्त्व रखता है। समाज, जीवन, परम्परा, आधुनिकता एवं उससे जुड़ी समस्याओं को सूर्यबाला एक खुली, मुक्त और नितान्त अपनी दृष्टि से देखने की कोशिश करती हैं। उसमें न अन्ध श्रद्धा है न एकांगी विद्रोह।

सम्मान-पुरस्कार : साहित्य में योगदान के लिए प्रियदर्शिनी पुरस्कार, घनश्याम दास सराफ पुरस्कार, दक्षिण भारत हिन्दी प्रचार सभा, काशी नागरी प्रचारिणी सभा, सतपुड़ा लोक संस्कृति परिषद, अभियान, मुम्बई विद्यापीठ, व्यंग्य-श्री पुरस्कार, रत्नीदेवी गोइन्का वाग्देवी पुरस्कार, राजस्थान लेखिका मंच वाग्मणि सम्मान, आजीवन उपलब्धि सम्मान, हरिशंकर परसाई स्मृति सम्मान, अभियान, आरोही, अखिल भारतीय कायस्थ महासभा, आदि संस्थाओं से सम्मानित।

प्रमुख कृतियाँ : मेरे सन्धिपत्र, सुबह के इन्तजार तक, अग्निपंखी, यामिनी-कथा, दीक्षान्त (उपन्यास); एक इन्द्रधनुष, दिशाहीन, थाली भर चाँद, मुँडेर पर, गृह-प्रवेश, साँझवाती, कात्यायनी संवाद, इक्कीस कहानियाँ, पाँच लम्बी कहानियाँ, सिस्टर प्लीज आप जाना नहीं, मानुषगन्ध, वेणु का नया घर, प्रतिनिधि

कहानियाँ, सूर्यबाला की प्रेम कहानियाँ, इक्कीस श्रेष्ठ कहानियाँ, समग्र कहानियाँ (कहानी संग्रह); अजगर करे न चाकरी, धृतराष्ट्र टाइम्स, देशसेवा के अखाड़े में, भगवान ने कहा था, झगड़ा निपटारक दफ्तर (व्यंग्य)।

दूरदर्शन धारावाहिक : पलाश के फूल, न किन्नी न, सौदागर दुआओं के, एक इन्द्रधनुष जुबेदा के नाम, सबको पता हैं, रेस तथा निर्वासित आदि प्रमुख हैं। सजायाफ्ता कहानी पर बनी टेलीफिल्म पुरस्कृत।

गणपति गणनायक

सूर्यबाला

गणेशोत्सव को सिर्फ़ तीन दिन रह गये थे। मुम्बई इस पर्व की उत्कंठा और उल्लास में डूब, उतरा रहा था। सड़कों, गलियों, फुटपाथों तक पर, कतार सजी दुकानों पर हर जगह गणेश ही गणेश। हर दुकान पर ख़रीदारों का पारावार उमड़ा पड़ रहा था। एक से एक मनभावन मुद्राओं, जरी-किनारी वाले लाल-पीले अंग-वस्त्रों और रुपहले सुनहले आभूषणों वाले गणेश, कलाकार पाण्डुरंग मोरे की दुकान में भी सजे थे।

इतने दिनों में ही सारे गणपति एक दूसरे के बहुत क़रीब हो गये थे। बड़े, छोटे, खड़े बैठे में कोई भेदभाव नहीं था। सबका एक साथ हँसते-बोलते समय कट जाता। हँसी-ठिठोली भी खूब होती।

"तुम्हारी धोती चटक पीली रंगी है, मेरी वाली का रंग फीका कर दिया..."

"इसी से तुम्हारी ज़री की किनार.ज्यादा फब रही है न?..."

सामने से तीसरे गणपति पूछते—"जरा देखना, मेरा दूसरा कुंडल टेढ़ा कर दिया है क्या? यह सब कलाकार जी के बिटौने की करामात है। तुतलाता आकर उनकी गोदी में बैठ जाता है तो कलाकार जी सुध-बुध भूल जाते हैं।"..."घबराने की बात नहीं," चौथे गणेश ने समझाया—"पर्व से एक दिन पहले कलाकार जी एक-एक को सँवार कर छोटी मोटी 'मिशटिक' भी ठीक कर देंगे।"

मिशटिक पर कई गणपति ठठाकर हँसने लगते हैं—"सत्य वचन महाराज! हिन्दुस्तान में रह कर हिंगलिश न जानी तो इससे बड़ी 'मिशटिक'..."

समवेत ठहाके की आवाज़ कलाकार जी के पैरों की आहट से धीमी पड़ी। कुछ ख़रीदार पहले से मूर्तियाँ ख़रीदने टूटे पड़ रहे थे। साथ-साथ रखे एक छोटे और एक बड़े गणेश, एक साथ ही बिके। ख़रीदार दो। इतने दिनों से अगल-बगल रहते-रहते मन जुड़ गये थे। अलग होना दोनों को अखरा। क्या जाने अब कहाँ मिलेंगे।

पहला ख़रीदार छोटी ट्राली लाया था। वहीं के वहीं छोटे गणपति को बिठाया

और सिर नवा कर गुलाल छिड़क दिया। बाकी के आठ-दस साथी भी, तुरही-नगाड़े की तड़ातड़ पर नाचते-कूदते चल दिये।

दूसरा आसमानी मिनी-वैन लाया था। ख़ुद भी चिकने सफ़ारी में और तुरही की जगह लाल, सुनहले झब्बों वाला बैंड। वैन में पहले से कई सारे लोगों की चहक-पहक थी। ड्राइवर तथा दो अन्य लोगों की मदद से सवा तीन फुट के गणेश वैन में रखे गये और लोगों से लदी-फँदी वैन, अपनी हैसियत और ट्रॉली की औकात दिखायी सर्र से निकल गयी। लेकिन चूँकि भीड़ से पूरी सड़क इस तरह अँटी पड़ी थी कि वाहन, वैन हो या ट्राली रुक-रुक कर ही चल पा रहे थे, इसलिए थोड़ी ही दूर जाकर ट्राली और वैन आजू-बाजू हो गये। वैन वाले गणेश ने उचक कर बाहर झाँकने की कोशिश की ही थी कि आगे की सीट पर बैठे सफ़ारी वाले मालिक ने अपनी गोद में उचकते बच्चे को धीमी आवाज़ में नफ़ासत से डाँटा—"चलती वैन से बाहर नहीं देखते बेटे"...गणपति ने फौरन चिहुँक कर सूँड़ अन्दर कर ली। लेकिन तब तक ट्रॉली वाले गणपति ने पहचान लिया—"अरे, हम दोनों साथ-साथ चल रहे हैं—कितना आनन्द दायक!"

"सो तो है"—वैन वाले गणपति ने जैसे ट्राली वाले गणपति का मन रखने भर को कहा—"पर उतना साथ भी कहाँ, तुम उतनी नीचे ट्रॉली में, और मैं यहाँ ऊपर वैन में"—(शिष्टाचार ने गणपति को यह कहने से रोक दिया कि कहाँ राजा भोज, कहाँ...)।

"फिर भी, हँस बोल तो सकते ही हैं—" स्पष्ट था ट्रॉली वाले ने वैन वाले का आशय बिल्कुल नहीं समझा था।

वैन वाले गणपति पर अपने ख़रीदारों की हैसियत हावी हो रही थी —"असल में ये बड़े लोग ज़ोर-ज़ोर से बोलना पसन्द नहीं करते। देखो न, ट्रॉली की जगह पूरी वैन ले आये। इज़्ज़तदार लोग हैं।...अब तो इन्हीं लोगों के तौर तरीके अपनाने होंगे। मुझे इतना आदर मान दे रहे हैं तो मुझे भी तो—"

लेकिन ट्रॉली वाले सचमुच भोले भण्डारी थे, अपनी रौ में मस्त—"चलिए... धीरे-धीरे ही सही, बात तो कर ही सकते हैं...समय अच्छा कटेगा—"

वैन वाले ने मन-मन सोचा—"मेरा तो वैसे भी अच्छा कट रहा है।"

तभी वैन वाले ख़रीदार ने तुरही की चीख पर खीझ जतायी। गणपति को तत्क्षण अपने ख़रीदार से सहानुभूति हो आयी। फौरन ट्रॉली वाले गणपति से बुदबुदाये—"तुम्हारी तुरही ज़्यादा ही चीख़ रही है। ऊपर से नगाड़े की तड़ातड़ ...ये लोग परेशान हो जा रहे हैं।"

हैरानी की बात, इतनी सी देर में दोनों गणपतियों के सम्बोधन और लहज़े

भी बदल गये थे। ट्रॉली वाले छोटे गणपति, वैन वाले को 'आप' और वैन वाले, ट्रॉली वाले को 'तुम' कह रहे थे।

टॉली वाले ने विनम्रभाव से अपने ख़रीदारों का बचाव किया—"उछाह, उमंग में हैं न देखिये ट्रॉली पकड़े-पकड़े भी पैर थिरके जा रहे हैं।"

"हूँऽऽ...अभी थिरक रहे हैं। रात होते लड़खड़ायेंगे भी। सावधान रहना।"

ट्रॉली वाले खिसिया कर हँस दिये।

ट्रैफिक छँटा। गाड़ियाँ आगे बढ़ीं। वैन फिर सर्र से निकल गयी। बड़े गणपति ने चैन की साँस ली। गरीब रिश्तेदार से छुटकारे की सी। इतनी सी देर में वे ट्रॉली वाले से उकता आये थे। असल में उन्हें वैन में अपने चारों तरफ सरसराते गरारों, शरारों और दुपट्टा की सरसराहट बड़ी भली लग रही थी। सूँड़ जी भर कर परफ्यूमों की गन्ध खींच रही थी। बाजे गाजे से ज्यादा मज़ा उन्हें लड़के-लड़कियों के हँसी-मजाक में आ रहा था। अब तक के कुल दस-पन्द्रह मिनट के अन्दर उन्होंने दसियों अंग्रेजी शब्द सीख लिए थे। ये सारे शब्द पहले पता होते तो वेद व्यास का महाभारत आज भी हिट होता। यूँ हिट तो है ही, हर क्षेत्र में इन दिनों... गणपति का मन हो होकर के हँसने का हो आया लेकिन तत्क्षण सम्भल गये। कहीं भद्द न हो जाये। वैसे भी भगवानों की भद्द में इन दिनों कौन सी कसर बाकी है।

हास-परिहास के साथ वैन में थोड़ा बहुत विचार-विमर्श भी चल रहा था। गणपति को पाँच दिनों तक रखा जायेगा या दस दिनों तक। अन्ततः दस दिनों वाला सुझाव ही माना गया। और रास्ते के दस दिनों के कार्यक्रय भी तय हो गये।

सामने सिग्नल था। वैन ड्राइवर ने जल्दी से निकालना चाहा था, लेकिन तभी ट्रैफिक पुलिस को देख धच्च से ब्रेक मार दिया। सवारियाँ और गणपति औंधे मुँह गिरते, बचे। सभी को मुँह से बारी-बारी 'फुलिश' और शिट' निकला।

तब तक खड़खड़ाती ट्रॉली भी बगल में आ पहुँची। नीचे वाले गणपति से फिर न रहा गया—"मैंने सोचा था, आपकी वैन निकल गयी होगी।"

"निकल तो आराम से जाती लेकिन ड्राइवर जरा फुलिश और शिट है। मिश्टेक हो गयी उससे" वैन वाले ने सूँड़ फुलाते हुए कहा।

"आँ?" नीचे वाले की समझ में कुछ नहीं आया तो सोत्साह अपनी बात पे आ गये—"मुझे पता चल गया महाराज, कहाँ ले जा रहे हैं ये लोग मुझे। चेम्बूर की एक आँगनवाड़ी के सामने वाली चॉल में। चॉल वालों ने मिलाकर 'गजानन मित्र मंडल' बनाया है। 'गौरी'* सहित पाँचवें दिन विदा करेंगे मुझे...आपका कुछ पता चला?"

---

1. कई परिवारों में गणपति के साथ गौरी की भी प्रतिष्ठापना होती है। गौरी हमेशा पाँच दिनों पर ही विसर्जित की जाती हैं। गणपति श्रद्धा और साधना के अनुसार, ढाई, पाँच, सात, या ग्यारहवें दिन।

''मुझे तो दस दिनों से पहले छोड़ने वाले नहीं ये लोग–प्रोग्राम भी ऐसा 'फिक्स' किये हैं कि लगता है काफ़ी 'बिजी' रहना पड़ेगा दस दिनों तक–''

''और उसके बाद तो रुकने का प्रश्न ही नहीं''–ट्रॉली वाले गणपति ने (जिन्हें अब से गजानन कहना चाहेंगे) सहज हास्य की लेकिन वैन वाले गणपति, जिन्हें हम ठिठोली की सुविधा के लिए 'गणनायक' कहा करेंगे, गजानन को जरा भी लिफ्ट न देते हुए पूर्ववत गम्भीर बने रहे–''अभी वैन में ये लोग प्रोग्राम डिस्कस कर रहे थे।'' ''अरे उसमें डिस्कस क्या करना–वही भजन-भाव, रंगोली, गायन-स्पर्द्धा, खेल-तमाशा और गणपति बप्पा मोरया...'' मस्तमौला गजानन हँसे।

''नहीं ये लोग .ज्यादा बप्पा-शप्पा नहीं चिल्लाते। लार्ज इश्केल पर 'हैव फन' और 'एनजॉय' के साथ मनाते हैं शायद। एक दिन मैजिक-शो, एक दिन डान्स-कम्पटीशन, एक दिन वैरायटी-इंटरटेनमेण्ट, हाउजी, ब्यूटी कांटेस्ट–और भी न जाने क्या-क्या...अब तुझे इतनी इंगलिश कहाँ आती है''–गणनायक की झेंप में भी गरूर था।

''उसमें क्या''–गजानन विहँसे–'मैजिक-शो' में तो हम आप स्वयं ही निष्णात हैं, सभी भगवान होते हैं। चमत्कार वगैरह तो आपके बायें हाथ का खेल है...हाँ, नृत्यादि कार्यक्रम''...

तब तक रास्ता खुल गया था। इस बार ड्राइवर ने पिछली कसर निकालते हुए जोर से एक्सेलरेटर दबाया और फर्राटे से निकाल ले गया। ट्रॉली ने अपनी गति पकड़ी।

गजानन, वैन वाले गणनायक की बातों से खासे चमत्कृत थे। उन्हें तो पूजा-अर्चना का 'षोड़षोपचार' तक ही पता था। ये वैरायटी पूजन-विधि और मैजिकोपचार जैसी विधियाँ सर्वथा नयी थीं। वैन निकल गयी अन्यथा पूछ लेते।

लेकिन संयोग से दसेक मिनट बाद ही, जिस विशाल फाटक के सामने वैन रुकी उस पर सुनहरे चमचमाते अक्षरों में लिखा था, 'लोटस-टॉवर्स गणपति-फेस्टिवल-सेलीब्रेशन' और नीचे जरा छोटे अक्षरों में सभी को 'कम हैव फ़न' और 'एनजॉय' करने के लिए निमन्त्रित किया गया था।

फाटक से अन्दर तक रोशनी की झालरें लगी हुई थीं। गणनायक को छोड़ कर बाकी सब उतर गये। बैण्ड जोर-जोर से बजने लगे। टॉवर के अन्दर वालों की भीड़ भी आ जुटी। शोख़ रंगों वाले लिबास थिरकने लगे। रास्ते से गुज़रते लोग रुक कर देखने लगे। भीड़ भड़क्के की वजह से सड़क पर वाहनों तथा गजानन वाली ट्रॉली को भी रुके रहना पड़ा। बाहर से ही अन्दर जगमगाता पंडाल और बिजली के लट्टुओं से सजा गणपति का मण्डप दिखाई पड़ रहा था।

वैन अन्दर मुड़ी तो ट्रॉली को रास्ता मिला। गजानन ने हुलसते हुए कहा, "जाइये महाराज! आपके स्वागत की तैयारियाँ देख कर लगता है, कलाकार जी ने बड़े मन से आपकी भाग्य-रेखाएँ खींची हैं।...चलिए, इतने दिनों का साथ लिखा था मेरा आपका... अब कहाँ मिल पायेंगे"—

अब के गणनायक भी थोड़े भावुक हो आये। उत्तेजना और भावुकता कभी-कभी सगी बहनों सी गले मिलती हैं। मदमत्त स्वर में बोले—"तुम्हारे पास मोबाइल होता तो बातें हो सकती थीं।"

"मोबाइल? आपके हाथों में कलाकार जी ने मोदक के साथ मोबाइल पकड़ाया है क्या?"

"नहीं, अभी ये लोग बातें कर रहे थे कि दस दिनों तक, रात में तीन-चार लोग यहाँ मेरे मंडप में सोयेंगे ही। तब उनके मोबाइल से मैं तुम्हें प्रतिदिन का वृत्तान्त बता सकता था। तुम्हारा समय अच्छा कटता।"

"सो तो है"—गजानन ने कहा ही था कि वैन फाटक के अन्दर मुड़ गयी और ट्रॉली आँगनवाड़ी वाली चाल की ओर...

गाजे-बाजे और धूमधड़ाके के साथ जगमगाते पंडाल के अन्तिम छोर पर बने सिंहासन पर गणनायक आसीन हुए। पुजारी के मन्त्रोच्चार के साथ प्रतिष्ठापना आरम्भ हुई लेकिन बैंड और डांस के शोर-शराबे में मन्त्रोच्चार का कहीं अता पता न था...अलबत्ता गणनायक की गर्दन मोटी-मोटी मालाओं से लद गयी थी, सूँड़ से साँस लेना मुश्किल था। किन्तु गणनायक इसे जरा भी अन्यथा न लेते हुए विभोर भाव से सूँड़ को हिला-डुला कर प्राणायाम से श्वासों को सन्तुलित कर ले रहे थे।

सिंहासन के सामने प्रसाद, भोग के थालों की कतार लग गयी। कलाकार जी की दुकान में पैदा होने के बाद से अब तक गणनायक ने कैसेटों में ही 'लड्डून को भोग' सुना था, आज सामने व्यंजनों, मिष्ठानों का अम्बार देख कर बरबस मुस्कुराये सोचा—महाभोग तो आज लगेगा।

इन लोगों की पूजा विधि और आयोजन की साज सज्जा के सामने 'सन्त करें सेवा' का ग्राफ बहुत नीचे चला गया था। जटा जूटधारी सन्तों के लिए तो लोटस टॉवर वालों को पूजन-विधि की त्रिदिवसीय वर्कशॉपें चलानी चाहिए, वापसी पर गणनायक यह प्रस्ताव अवश्य रखेंगे।

प्रमुख आराधक का सम्मान 'टॉवर' के सबसे धनाढ्य सेठ और सेठानी को दिया गया था। सेठ जी पहली नजर से पचास-पचपन के, दूसरी नजर में साठ

पैंसठ और तीसरी में एकदम पचहत्तर के लगते थे। गणनायक ने चौथी नज़र उन पर न डाल, सेठानी की उम्र अन्दाजने में लगा दी। सेठानी बड़ी सुघड़ तराशी काया वाली पैंतीस, चालीस की तन्वंगी थी। पत्नी भी सेठ जी की सिर्फ़ इसलिए लग रही थी क्योंकि सेठ जी, सोद्देश्य, लोगों के बीच उनकी तरफ देख कर पति सुलभ भाव से मुस्कुरा लेते थे और उन्हें अपनी पत्नी होना सिद्ध कर देते थे।

गणनायक को सेठ जी बहुत भाये। रत्नजटित अँगूठियों वाले हाथों से आरती का थाल पकड़ने और घुमाने की उनकी मुद्रा, मुख पर विराजती भव्य मुस्कान, उन्हें परम्परा और आधुनिकता का अपूर्व संगम सिद्ध कर रही थी। गणनायक को लगा, जीवन सफल हुआ।

लेकिन थोड़ी देर बाद मूँठदार छड़ी के सहारे ठमक-ठमक कर दो-तीन और लोगों के साथ चलती एक स्थूल महिला भी सेठ जी की बगल में आ विराजीं। उनकी आयु और शरीर की स्थूलता को देखकर गणनायक ने सोचा, सेठ जी की माता जी को उनके दर्शनार्थ लाया जा रहा है। लेकिन पास आने पर गणनायक गड़बड़ाये क्योंकि जिस तरह वे भी सोद्देश्य सेठ जी की तरफ देख-देख कर आड़ी तिरछी मुस्कुराहटों का आदान-प्रदान कर रही थीं, वह उनका सेठ जी की धर्मपत्नी होना ही सिद्ध कर रहा था।

आधेक घंटे के पूजापाठ के बाद पंडित जी दक्षिणा लेकर विदा हो गये और भक्तजन प्रसाद से भरपूर पेपर प्लेटें ले पंडाल के बीच झुण्डों में तितर-बितर हो गये थे।

अचानक गणनायक का ध्यान उन महिलाओं पर गया जो मत्था टेकने के बाद उन्हें लेकर तरह-तरह की टीका टिप्पणियों में मशगूल थीं—"अरे इत्ती सी मूर्त्ति ले आये—कम से कम डेढ़ फुट और बड़ी लानी थी। ...सूँड़ भी ठीक नहीं बनी इनकी। माथे के मुकुट पर एकसार सुनहला रंग पोत दिया है। पीछे चक्र तक नहीं। न ढंग की मालायें, न बाजूबन्द। इसी से तो चेहरे पर रौनक नहीं आ पायी।" ...आभूषणों और कपड़े-लत्तों को लेकर की जाने वाली टीका-टिप्पणी किसी...ब्याही बहू के दहेज चढ़ावे पर होने वाले आक्षेपों से भी ज़्यादा अशोभनीय और अवहेलनापूर्ण थी। गणनायक का चेहरा तमतमा आया। देवत्व की मर्यादा की रक्षा कभी-कभी कितनी बड़ी चुनौती बन जाती है।

बाहर खुले में, तरह-तरह के खेलों और नृत्यादि की व्यवस्था की। प्रसाद, व्यंजनों के थाल, लोगों के बीच दो एक बार घुमा देने के बाद, एक-एक कर हटा दिये गये। पुजारी पहले ही अपने प्रसाद का पैकेट लेकर जा चुका था। गणनायक प्रतीक्षा कर रहे थे कि बस अब, ससम्मान सुरुचिपूर्ण व्यंजनों से सजा

थला लाकर उन्हें अर्पित किया जायेगा। भोग लगाने के लिए मान-मनुहार की जायेगी। लेकिन वहाँ अब सिर्फ़ नुचे हुए फूल अक्षत, कुंकुम और दूब पड़े पानी के पात्र को छोड़ कुछ न था।...

खुले अहाते में अब फास्ट म्यूजिक वाले कैसेट बज रहे थे। सारे नौजवान, नौजवान बने अधेड़ और युवतियाँ बनी प्रौढ़ाएँ नृत्य कर रही थीं। लड़के-लड़कियों का झुण्ड तो इतने अजीबोगरीब ढंग से समूचे शरीर को झटक रहा था जैसे किसी उन्मादी व्याधि से ग्रस्त हों। गणनायक ने ऐसा नृत्य, कभी नहीं देखा था, सुना अवश्य था कि उनके पिता की बारात में, उनके गणों ने बड़े विकट हाव-भाव और मुद्राओं वाले नृत्य का कार्यक्रम प्रस्तुत किया था। क्या मालूम वे ही गण अपने स्वामी के पुत्र के महोत्सव में नौजवानों के वेश में आ गये हों। लेकिन गणनायक को तो यह सत्य, विदित होना चाहिए था।

काफ़ी देर तक गणनायक अपने से अनजाने किसी की प्रतीक्षा करते रहे... शायद, भोग या फिर गणों की। ...फिर ऊब कर ऊँघने लगे। लेकिन विस्फोटक संगीत अपने चरम पर था। नींद आये तो कैसे? अभी तक कारों में आते लोग उतर कर जल्दी-जल्दी उन्हें मत्था टेकते, सीधे नृत्य में शामिल हो जा रहे थे। जैसे निमित्त वे नहीं, निमित्त खुले अहाते में हो रहा डांस हो।

गणनायक ने अपने आपको चिन्तन पर एकाग्र किया। हताशा को प्रबोधने लगे। चढ़ाया तो था सारा प्रसाद, भोग। उन्हीं के सिंहासन के सामने तो रखा था। अब इन लोगों का चलन ही यही। ये लोग ऐसे ही आतिथ्य करते हैं। और, चाहे जो हो, नृत्य भी, गणेशोत्सव के उपलक्ष्य में ही तो कर रहे हैं। मन को शान्ति मिली तो आँखें बन्द होनी लगीं।

लेकिन अभी उन्हें सोये आधेक घंटे ही हुए होंगे कि बैंजनी इम्पाला के संगीतमय हॉर्न और तेज रोशनी से आँखें चौंधिया आयीं। नींद उचट गयी। गणनायक को अपनी आँखों पर विश्वास नहीं हुआ जब उन्होंने लकदक कुर्त्ते, जगमगाती अँगूठियों और भव्य मुस्कान वाले सेठ जी को लस्त पस्त कपड़ों में, अर्ध धुत्त, ड्राइवर और नौकर के कन्धों पर अपने फ्लैट की ओर जाते नहीं बल्कि ढोकर ले जाते हुए देखा।

सुबह गणनायक की नींद खुलीं तो सिर भारी और उजाला छिटका था। लेकिन पूजा-आरती के कोई आसार नहीं दृष्टिगत हो रहे थे। उल्टे लोगों में चख-चख मची हुई थी। दो-चार आयोजक टाइप लोग, एक-दूसरे पर आरोप-प्रत्यारोप लगाते हुए बिफर रहे थे। पता चला, प्रतिदिन सुबह सात बजे आने की बात पक्की होने के बावजूद पण्डित जी अब तक नहीं पधारे थे। थोड़ी प्रतीक्षा के बाद ड्राइवर

दौड़ाया गया लेकिन पण्डित का कहना था कि वह समय से आया था। उसने बताये फ्लैटों की घंटियाँ भी बजायीं लेकिन कई बार बजाने के बाद भी किसी ने दरवाजा नहीं खोला और अब वह दूसरी जगह पूजा कराने जा रहा है। भीड़ अब कई ग्रुपों में बँट गयी थी। कोई पंडित को भला बुरा कह रहा था, कोई उसका नाम सुझाने वाले को। फ्लैट वाले महाशय पंडित को झूठा और मक्कार बता रहे थे। उनका कहना था कि वह धूर्त पाँच बजे ही घंटी मार कर चला गया होगा। रात को दो बजे सोने के बाद, सुबह पाँच बजे ही इस पंडित की अगवानी मुझसे नहीं हो पायेगी। आप में से जो भी यह पुण्य कमाना चाहता हो, यह जिम्मेदारी ले ले, मुझे बख्शिये। ज़ाहिर है कोई आगे नहीं आया। चख-चख में और ज़्यादा देर हो जाने से ऑफिस जाने वाले अलग भन्ना रहे थे।

अन्ततः सर्व-सम्मति से तय हुआ कि पंडित को मारो गोली और ले आओ पूजा-आरती का कैसेट।

कैसेट लगा। उसकी तेज आवाज़ पूजा के भूले-बिसरे सामानों की दौड़-भाग और चख-चख की असलियत जानने के लिए अपने-अपने फ्लैटों से उतर कर इकट्ठे हुए लोगों के बीच आरती सम्पन्न हुई।

सुबह के दस ग्यारह बजे तक एक के बाद एक कारें रवाना होती रहीं। पहले साहब लोग फिर मैडमें। लड़के, लड़कियाँ स्कूल कॉलेज। देखते-देखते अहाते वाला कारों का जंगल साफ़ हो गया। अब यहाँ वहाँ, चौकीदार, बाइयाँ, नौकर-चाकर और मंडप में अकेले विराजते गणनायक।

अपराह्न में धमाचौड़ी मचाते छोटे बच्चे आ जुटे। खेल-कूद के बीच सुस्ताने वाले अन्तराल में वे डट कर गणनायक का निरीक्षण करते और एक-दूसरे के माथे पर अक्षत कुंकुम लगा कर उछलते, कूदते।

एक बच्चे ने सबके बीच, सगर्व घोषणा की—"टुडे वी आर गोइंग टू सी अदर गणेशाज़"—"बेरी बिग-बिग गणेशाज़...नॉट लाइक दिस"—"तू आज जा रहा है? हम परसों जायेंगे। मेरे मामाजी अपनी 'करोला' लायेंगे"—एक लड़की बोली—"मेरी मम्मी बता रही थीं उसके ऑफिस के सामने वाले गणपति की स्टैच्यू इसकी डब्बल होयेगी"—"अरे वो क्या, मेरे पापा कह रहे थे कि अगल-बगल वाली सोसाइटीज़ के गणपति की स्टैच्यू भी, हमारे से तो बेटर ही हैं।" इन संवादों के साथ बच्चे एक-दूसरे के कान में फुसफुसाते और जो बताते रहे उसका सारांश यह था कि बकौल उनके मम्मियों-पापाओं, बत्रा अंकल सारे पैसे हजम कर गये हैं...और अगले साल की 'कलेक्शन' के गणेश कमेटी से उन्हें अभी ही डिसमिस

कर दिया गया है। पहले वाले लड़के को याद आया—"गणपतियों को देखने के बाद हम मैक्डॉनल्ड जायेंगे।" एक लड़की चहकी—'हम पिज़्ज़ा हट'...

लड़के ने नाक सिकोड़ी, "पिज़्ज़ा हट बोर है। इसी से हम नहीं जाते। मैक्डॉनल्ड इज़ फन।" दूसरा लड़का तपाक से बोला—"मुझे एक आइडिया आया, 'गणपति-फेस्टिवल' की तरह हम मैक्डॉनल्ड फेस्टिवल भी क्यों नहीं सेलीब्रेट करते?" ..."रबिश!" तीसरा बोला—"गणपति इज़ गॉड।"

"सो व्हाट?...इधर भी हाउजी, उधर भी हाउजी, इधर भी डान्स, उधर भी डान्स, गॉड होने न होने से क्या फरक पड़ता है?"

अब प्रतिदिन शाम अँधेरा घिरने के साथ ही पूरा टॉवर जगमगा उठता। लोग जुटने और पूजा-आरती के बाद जम कर नाच-गाना हाउज़ी और वैरायटी इंटरटेनमेंट। दिन भर के सूनेपन से ऊबे उकताये गणनायक को वही शोरगुल अब पहले जैसा असहनीय नहीं होता। एक तो अब उत्सव के रंग-ढंग पता चल गये थे, दूसरे थोड़े अभ्यस्त भी हो चले थे। अब जैसे यही कि कहने को हर आने वाला माथा अवश्य झुकाता लेकिन कुछ इस तरह जैसे जश्न में शामिल होने की यह एक शर्त हो, एक तरह की टिकट चेकिंग, सिनेमा हॉल या थियेटर के दरवाजे वाली...तो, अहमियत महत्ता, जश्न की है चेकपोस्ट की नहीं। तो क्या, गणनायक खुद को समझाने लगे—कलाकार जी की दुकान वाले कितने गणपतियों के भाग्य में ऐसा शानदार आयोजन बदा होगा। अरे एक तो अपने साथ वाला ही आँगनवाड़ी के चाल वालों के बीच बैठा है। ऐसे धनकुबेरों की संगति भी संयोग से ही मिलती है। इस विचार मात्र से गणपति का मन हल्का हो आया और वे 'हाउज़ी' में रुचि लेने की कोशिश करने लगे।

लेकिन हाउज़ी खतम होने के बाद दो दिन पहले वातावरण में जो खिन्नता व्यापी थी उसने गणनायक की मनःस्थिति वितृष्ण कर दी थी। बात गणपति के पंडाल में रात में सोने को लेकर उठी थी। पहले कई लोगों द्वारा हामी भरने के बावजूद उस समय सब एक-दूसरे पर टरकाने लगे थे। इस मुद्दे को लेकर वे एक दूसरे से जिस अशिष्टता से पेश आ रहे थे, वह गणनायक को उनसे ज़्यादा ख़ुद अपनी अप्रतिष्ठा प्रतीत हो रही थी। क्योंकि कारण तो वही थे।

काफी झिकझिक के बाद समाधान निकला था कि सोसाइटी का सिक्योरिटी-हेड सौ रुपये ओवर टाइम और रात के खाने की शर्त पर गणपति के पास सो जाया करेगा। हाँ हर दिन का पैसा अगाड़ी लिया करेगा। उस दिन की पेशगी तो तुरन्त ले भी ली थी उसने।

रात में सिक्योरिटी हेट तो पेशगी के पैसों से ढाबे में पराँठे-भाजी और चुपके से देशी दारू का अद्धा चढ़ाकर खर्राटे भरने लगा लेकिन गणनायक की आँखों में नींद नहीं थी। मान-अपमान, प्रतिष्ठा, अवहेलना के ऊपर नीचे होते ग्राफ़ ने उन्हें बेचैन कर रखा था। श्रद्धा-भक्ति और सही-गलत के सारे समीकरण बुरी तरह गड़बड़ा गये थे। मन कहता यह सब कुछ गलत हो रहा है। तर्क कहता, कहाँ कुछ भी तो नहीं। सब कुछ ठीक चल रहा है। अचानक उन्हें सूझा, 'तर्क' उनके पक्ष में जा रहा है। तर्क उनके मान-सम्मान की पुष्टि कर रहा है। और तर्क कह रहा है कि उन्हें कौन सी कमी है? इतना सुख-सम्मान किसे मिलता है? इस तर्क को खींच तान कर गणनायक मन की सिलवट सीधी करने लगे।

एकाएक, बेख़बर सोते सिक्योरिटी हेड की बगल में पड़ा मोबाइल घनघना उठा। गणनायक ने थोड़ी देर तो बजने दिया फिर झिझकते हुए उठा लिया। उधर से गजानन की चहकती आवाज़ आयी—"अभिवादन महाराज! कैसे हैं?"

गणनायक थोड़े अटके—"ठीक हूँ अचानक तुम कैसे"...

"कृपा है महाराज!" गजानन चहके जा रहा था..."यहाँ जो मेरे पास तीन-चार गृहस्थ सोते हैं न, उनमें से दो के पास मोबाइल है। देखते ही मुझे आपकी बात याद आ गयी सोचा आपके पास तो मोबाइल होगा ही होगा। (गणनायक ने मन ही मन सिक्योरिटी गार्ड के मोबाइल का आभार माना कि इज़्ज़त बच गयी।) मैंने कल भी लगाया था, टॉवर के कई लोगों के सेल फोन पर लेकिन उन्होंने आप तक खबर पहुँचायी ही नहीं।"

"वे लोग अपनी गाड़ियों में रहे होंगे उस समय।"...

"जी-जी...और...बताइये..."

"सब ठीक है।..."

गजानन निराश हुए..."थक गये होंगे।"

"हाँऽऽ"

"बड़े लोगों के आतिथ्य का तामझाम भी थका देता है।"...

"निश्चित"

"लेकिन गजानन इस समय अति उत्साह भी थका देता है।"...

"मेरी चाल वाले भी बड़े अच्छे हैं महाराज! कभी-कभी तो सोचता हूँ जब ये इतने सामान्य, साधनहीन लोग प्रसाद में इतना चिवड़ा, उपम, नारियल-वड़ी, मोदक आदि चढ़ाते हैं तो वहाँ आप वाले लोग तो—"

गणनायक को सहारा मिला—"पूछो मत, मलाई, चमचम, बादाम पिस्ता-रोल, बैकुण्ठ-भोग—इतने कि नाम कहाँ तक याद रखें।"

"बैकुण्ठ के सारे सुख तो ये लोग यहीं भोग लेते हैं। असली बैकुण्ठवास तो यही हुआ ना। सच में आपके भाग्य से ईर्ष्या होती है महाराज। हर जगह बैकुण्ठ ही बैकुण्ठ।"

गणनायक को एक चमत्कारिक तृप्ति मिली। वे चाहे जिस अवस्था में हों, गजानन की आँखें तो उन्हें सम्मान, प्रतिष्ठा और समृद्धि के शिखर पर ही देख रही हैं...और यही तो हम सबको चाहिए, मनुष्य हो या देवता। और वैसे भी दस दिनों में, पाँच तो कट ही गये, चार पाँच और सही। सबकी दृष्टि में बसा ये शिखरत्व सुरक्षित रहना चाहिए। इसी के लिए तो मैं विशेष रूप से उत्सव पूजन सम्मान के शिष्ट-मण्डल के विशिष्ट प्रतिनिधि के रूप में आया हूँ।

लेकिन अन्दर से गणनायक को लगता, विशिष्ट वे नहीं सेठ जी हैं। शाम की आरती में कभी-कभी सेठ जी पधारते। आगे पीछे छोटी बड़ी सेठानी। सेठ जी को देखते ही गणनायक को, आधी रात के बाद, बैंजनी इम्पाला से निकाल कर ढोकर ले जाये जाते सेठ जी की लस्त-पस्त मुद्रा स्मरण हो आती और वे तिरस्कार से दृष्टि फिरा लेते। लेकिन आश्चर्य! सेठ जी के चेहरे पर जरा भी शिकन नहीं होती। आरती उतारती उनकी मुस्कुराहट जैसे और ज़्यादा अर्थपूर्ण हो जाती—तुम्हारे तिरस्कार और उपेक्षा से मुझे कोई अन्तर नहीं पड़ने वाला है भगवन्! मेरा सम्मान प्रतिष्ठा, दबदबा शानशौकत सब कुछ यथावत् रहेगा, किसी पर आँच नहीं आने वाली। ...तुम्हें जो कुछ सोचना है, सोचते रहो, उससे मेरा कुछ विशेष बिगड़ने वाला नहीं।

गणनायक तिलमिला कर दूसरी ओर देखने लगता जहाँ थुलथुल बड़ी सेठानी, तन्वंगी सेठानी के हाथ से आरती थाल खींचने की हरचन्द कोशिश कर रही होतीं।

इन्हीं बड़ी सेठानी के लिए उस अपराह्न, टॉवर में माली ने वह राज़ खोला था। खैनी की फंकी मारते हुए वह नये गुरगे को बता रहा था कि सालों पहले एक कार दुर्घटना में (बड़ी) सेठानी के कूल्हे, टखने दोनों चटक गये थे। महीनों दवा, पलस्तर चलता रहा। बच्चे छोटे थे और गृहस्थी कच्ची। देखभाल के लिए सेठानी की छोटी बहन बुला ली गयी कि लाख दाई नौकर हों, अपनों की बात ही कुछ और। बहन ने बड़ी सेवा की और सचमुच सबको अपना लिया। सबसे ज़्यादा सेठ जी को। पूरी तरह पैर ठीक हो जाने के बाद ही सेठानी को पता चला कि उन्हें एक 'पद-लाभ' नहीं दो दो पद-लाभ हुए हैं और वे अब मात्र सेठानी से 'बड़ी सेठानी' हो गयी हैं। सेठ जी का नौकरों को सख्त निर्देश हुआ कि अबसे सब उन्हें 'बड़ी सेठानी जी' कहेंगे, दूसरी हमेशा 'छोटी सेठानी' ही रहेंगी...'एक बात है, कायदे, कानून के भौत कड़क पाबन्द हैं बड़े सेठ'—माली ने गुरगे वाली

बीड़ी से भी एक सुट्टा मारा—'लेकिन (बड़ी) सेठानी भी अब खबरदार हो गयी हैं—उन्ने फिर अभी आज तलक बीमार पड़ने का जोखम नहीं उठाया—क्योंकि उनकी सगी सौतेली बहनें भी हैं न!''

गुरगे की पीठ पर जोर का धप्पा मारता माली दूसरी क्यारी की ओर चला गया।

एक शाम बाहर के स्टाल बुला लिए गये। टॉवर के अहाते में चाट, गोलगप्पे, दोसे, बड़े और समोसे से लेकर चाइनीज़ तक। एक दिन तो लोग सरेशाम ही फ्लैटों से उतर आये। पकाने खिलाने का झंझट जो नहीं। चाट, दोसा की गन्ध नथुनों में पड़ते ही स्टालों के चारों तरफ भीड़ जमा होने लगी। और देखते-देखते जूठे पत्तों, पेपरप्लेटों के ढेर लग गये। चड्ढा सा'ब ने आलू-टिक्की का आखिरी टुकड़ा मुँह में रखते हुए मलकानी से कहा—वाह! मज़ा आ गया। यार! हम ऐसे 'अकेजन्स' के लिए गणपति का ही इन्तज़ार क्यों करें भला?—

लोग चाट-पार्टी का मज़ा लेने में इतने मशगूल हो गये 'आरती' के समय का ध्यान ही नहीं रहा। माइक पर बार-बार आरती में सम्मिलित होने की घोषणा हो रही थी—कार्यक्रम रोज़ से पौना घंटा लेट चल रहा था। लोग हर पुकार के बाद बस एक प्लेट चाऊमीन, आखिरी गोलगप्पे की पुकार करते जा रहे थे...आरती की आर्त पुकार वाले ने भगवान का हवाला देते हुए सख़्ती बरती तो चड्ढा बड़बड़ाये—ओय चुप्प यार—शास्तरों में भी कहा है, भूखे भजन न होई गुपाला...बड़ा आया गणपति का चूहा कहीं का।

अन्तिम दिन का सारा कार्यक्रम टॉवर के बच्चों का था। अलग-अलग आयु वर्ग के लड़के-लड़कियों द्वारा हिन्दी अंग्रेजी का क़विता पाठ, फैन्सी-ड्रेस, ब्यूटी-कांटेस्ट, गीत, और नृत्य की प्रतिस्पर्द्धा। बाकायदे नियम और शर्तें तथा नाम देने और वापस लेने की अन्तिम अवधि। बच्चों की ही तरह, बच्चों के अभिभावकों की भी उत्तेजना चरम पर। जिधर देखो, धनुष-बाण, बाँसुरी, पिस्तौल, झाड़ू, टोकरा चुनरी-चुन्नी लिए इस फ्लैट से उस फ्लैट, आवाजाही बन रही है।

माता-पिताओं से ठसेठस्स पंडाल में प्रतियोगिताएँ आरम्भ हुईं। सबसे पहले छोटे-छोटे बच्चे, स्टेज पर आकर बारी-बारी 'जैक-ऐण्ड जिल' और हम्टी-डम्टी, सुनाते रहे। एक बच्चे की माँ ने सगर्व अनाउन्स किया कि उसके बच्चे ने स्वयं गणपति पर पोयम बनायी है। तालियाँ पिट गयीं। बच्चा स्टेज पर आकर पहले झिझका, फिर पास खड़ी माँ के हौसला दिलाने पर जल्दी-जल्दी बोल गया—'गैंणपट्टी। आवर वेरी होली डिट्टी। मदर पार्वटी, फादर शिवा। गणपट्टी बप्पा मोरया।'

तालियों की गड़गड़ाहट के बाद ब्यूटी कांटेस्ट और फैन्सी ड्रैस प्रतियोगिताएँ

हुईं। मंच पर एक हनुमान, एक कृष्ण, एक मदर टेरेसा के अतिरिक्त दो सिन्ड्रेलाएँ, क्रुकेड क्वीन, जूलियस सीज़र, के अतिरिक्त पाँच ऐश्वर्याएँ और सात माधुरी दीक्षित थीं। बाकी सारे समय आतंकवादी, गुंडे, चोर बदमाशों का ही बोलबाला रहा। सौन्दर्य प्रतियोगिता में तो लगभग सारी बच्चियों ने अपने जीवन का एकमात्र उद्देश्य अंग्रेजी में समाज सेवा और भारतीय नारी की गरिमा की प्रतिष्ठापना बताया। जो भी बच्चा स्टेज पर आता, उसके माँ-बाप कैमरा, मूवी लेकर आगे-पीछे घूमने लगते। एकाध झाँकी गणनायक की भी होती वरना तो गाते नाचते बच्चों के दायें-बायें कभी सिर्फ़ उनकी सूँड़ आती, कभी ऊपर का मुकुट या सिंहासन का कोना।

तभी लाउडस्पीकरों से आते तेज़ संगीत के साथ नृत्य स्पर्द्धा प्रारम्भ हुई। हर बार कैसेट पर नया गीत लगने के साथ एक नयी बालिका मंच पर आती और तेज़ चलती धुन पर अपनी देहयष्टि को तोड़-मरोड़ कर ऐसे उच्छृंखल, अभद्र हाव-भावों का प्रदर्शन करती कि इन्द्र के दरबार वाली रम्भा, उर्वशी भी लज्जित हो जायें। गणनायक स्तब्ध, विस्मित थे। अपने माता-पिता और परिचितों के समक्ष बार-बालाओं सी प्रणयातुर मुद्राएँ प्रदर्शित करने वाली छोटी-छोटी बच्चियों पर...शिव-शिव...

गणनायक की धिकृति अभी पूरी भी नहीं होने पायी थी कि नये लगे कैसेट के तेज़ झन्नाटे के साथ पारदर्शी, लाल झलमलाती घाघरा-चोली और काली जरदोली की जैकेट पहने एक बालिका ने मंच पर उछाल मारी। उसकी उछाल पर ही पंडाल तालियों से गूँज उठा। देखने वालों की आँखें चौंधिया आयीं। ड्रम की टनाकेदार चोट पर वह दायें-बायें उछली और बिजली की सी फुर्ती से अपना जैकेट उतार उसे तेज़ी से घुमाकर दर्शकों के बीच उछाल दिया। पूरा पंडाल सीटियों से चिलकार उठा लेकिन तत्क्षण किसी दर्शक द्वारा ही जैकेट, वापस लड़की की तरफ उछाल दी गयी जो मंच पर न जाकर गणनायक के घुटनों से सरकते हुए पैरों के पास जा गिरी। दरअसल वह किसी कैबरे डांस वाला गीत था और अब बालिका स्लीवलेस चोली में लचक-लचक कर फिल्म का हूबहू नृत्य प्रस्तुत कर रही थी।

गणनायक का पूरा शरीर क्रुद्ध घृणा से गिनगिना उठा। जैसे कोई विषैला सर्प उनके घुटनों से सरका हो। लेकिन सर्प तो उन्हें कभी विषैले लगे ही नहीं थे। और आज...इतनी तीखी विषदंशी पीड़ा की अनुभूति उन्हें पहले कभी नहीं हुई थी। ऐसा विस्फोटक आक्रोश कभी नहीं उपजा था। उन्हें लगा, अब शेषनाग हिलेंगे, लोग सीटियों पर सीटियाँ मार उठे थे। कई-कई मुद्राओं पर वंसमोर के नारे भी...।

शिव-शिव यह कोई दूसरा लोक, ब्रह्मांड है। यहाँ भगवानों का सोचना प्रभावहीन होने लगा है और इनसानों ने सोचना बन्द कर दिया है।

और गणपति-विर्सजन का अन्तिम दिन। सड़कों पर हज़ारों, लाखों की संख्या में उमड़ता जन-समुदाय लगभग हर सड़क, मुख्यमार्गों, उपसड़कों और गलियों से, ट्रकों, ट्रालियों, ठेलों और छोटी-बड़ी वैनों में हज़ारों गणपति गुज़र रहे थे। जिन्हें कोई वाहन उपलब्ध न था, वे अपने गणपतियों को पीढ़ी पर रख, सिर पर उठाये चल रहे थे। तुरही, नगाड़ों की जगह छोटे घंटे बजाते। हर तरफ गुलाल फेंकते जुलूस की शक्ल में उन्मत्त, नाचते लोग और लहरों सा उमड़ता जयघोष।

गणपति बप्पा मोरया—पुरच्यावर्ती लवकरया (जाओ, लेकिन अगले वर्ष जल्दी से आ जाओ)।

भीड़ के इस सैलाब के बीच, अन्य गणपतियों के साथ-साथ लोटस टॉवर वाले गणनायक का मिनी वैन भी चल रहा था लेकिन गणनायक स्वयं, सारे जयघोषों और उत्सवी क्रिया-कलापों से पूरी तरह अलिप्त और उदासीन थे। कल उस बच्ची द्वारा जैकेट फेंकी जाने वाली घटना के पश्चात् से, लाख प्रयत्न करने के बावजूद वे उन लोगों को क्षमा नहीं कर पा रहे थे। बल्कि इस घटित के साक्ष्य रूप में अपने को पाकर, धिकृत और निस्तेज अनुभव कर रहे थे। अपने अतिथियों के प्रति वितृष्ण, अक्षम्य भाव लेकर जा रहे थे वे...जैसे इन घटितों के साथ उनका बहुत कुछ अंश पहले ही विसर्जित होता चला गया है...

अचानक गणनायक को विश्वास नहीं हुआ, दायें बाजू में हिलकी आ रही ट्रॉली तो आँगनवाड़ी वाले गजानन की थी! ...लेकिन इसे तो चाल वाले पाँचवें दिन ही विसर्जित करने वाले थे। मतलब, उन्होंने इसे पूरे दस दिनों तक रखा! गजानन बिल्कुल पहचान में ही नहीं आ रहा था। खाया पिया गोलमटोल तृप्त चेहरा, चिकनी सूँड़ और बढ़ी हुई तोंद उसे सही अर्थों में 'लम्बोदर' सिद्ध कर रही थी।

गणनायक हड़बड़ा कर कतराना चाह ही रहे थे कि गजानन ने देख लिया और वजनी काया के बावजूद बच्चों सा किलक उठा—"महाराज आप! कैसे संयोग है, मैं समझता था चमत्कार हमारे ही लोक में घटते हैं—अच्छा! आप पहचान नहीं पाये न मुझे?"

पलक झपकते गणनायक सन्नद्ध हुए। यह परीक्षा की अन्तिम घड़ी है, अपने स्वत्व और आत्म-सम्मान की रक्षा की। अपने निस्तेज पड़े अंगों को चैतन्य कर वे मुस्कुराये—

"पहचानता कैसे? तुमने तो लम्बोदरी के सारे कीर्तिमान ही ध्वस्त कर दिये। लगता है, आँगनवाड़ी चॉल में मात्र 'भोजनोपचार' ही चलता रहा–"

गजानन झेंप कर हँसे–"वजन वाली बात तो आपकी सही है महाराज लेकिन क्या करता–पूरे पैंतीस परिवारों की सुबह-शाम की पूजा-आरती सचमुच भारी पड़ जाती बीसेक घर तो कुछ न कुछ प्रसाद बना कर लाते ही लाते। उपासे आते और बिना मुझे भोग अर्पित किये मुँह में अन्न जल न डालते। ऐसे में न स्वीकारना उन्हें ठेस पहुँचाना लगता। सच कहूँ तो कभी-कभी लगता, इनके निश्छल विश्वास को दल तो नहीं रहा हूँ मैं।"

गजानन भावुक हो आये–"उनके निरीह चेहरों को देख कर इच्छा होती, काश इनकी आशाएँ पूरी कर पाता। और आशाएँ भी कितनी छोटी-छोटी कि सुन कर तरस आये। और उछाह उपलक्ष्य के कारण सुनेंगे...किसी को सात माह बाद डेढ़ माह की पगार मिली, किसी को त्योहार के उपलक्ष्य में दो किलो शक्कर, किसी के घर सिलाई मशीन आयी तो किसी के देवर ने आटोरिक्शा ख़रीदा। बस चिवड़ा, तिल, गुड़, मोदक का प्रसाद मेरे चरणों में प्रस्तुत। इन सिलबिलों को तो ये भी नहीं मालूम महाराज कि कर्म-फल के सारे सिद्धान्त उलट-पलट गये हैं, हमारे हाथ बँध गये हैं, सुफल, कुफल का कोई भरोसा हम इन्हें नहीं दिला सकते। न महाराज?"

गणनायक के ओठ भिंचने लगे।

गजानन आशंकित हुए–"क्या बात है महाराज! बहुत सुस्त लग रहे हैं। स्वास्थ्य तो ठीक रहा?"

गणनायक अपनी शिथिलता को नियन्त्रित करते हुए यथाशक्ति मुस्कुराये–"नहीं स्वस्थ ही हूँ? अब वज़न के लिए तो थोड़ी आयु के बाद सावधान होना चाहिए।"

"सत्य है महाराज! मेरी चॉल वाले ज्यादा ही जाहिल-जपट्ट थे। सारा शक्ति भाव और प्रेम प्रसाद में ही उड़ेल देते। शायद उन्हें लगता मैं सचमुच उनकी मनौतियाँ पूरी कर ही दूँगा।"

गणनायक के निस्तेज चेहरे पर बड़े गुरूर की रौनक आयी–"मेरे टॉवर वालों को तो कोई मनौती माँगनी ही नहीं थी। उन्हें तो पहले ही सब कुछ सर्वोत्तम उपलब्ध था, भोजन तो, वस्त्र तो, वाहन तो..."

"तब तो महाराज, भोग में भी रोज लड्डू रहते होंगे।"

गणनायक ने टॉवर वालों सा ही मुँह बिचकाया–"वहाँ ऐसे ऐसे मिष्ठान होते थे कि लड्डुओं को तो कोई पूछता ही न था।"

"वे लोग प्रतिदिन वही खाते होंगे न!"

"नहीं, स्वास्थ्य के प्रति बहुत सतर्क रहते हैं वे लोग...और लड्डू वड्डू तो बिल्कुल नहीं खाते। तभी तो फूड इन्फैक्शन वगैरह से जुड़ी सारी खबरें तुम्हारी जैसी चॉल वालों की ही होती है।"

"सो बात नहीं महाराज, इन बेचारों को भी इलाज की सुविधा होती तो खबर बनने की नौबत नहीं आती–"

गणनायक अन्धाधुन्ध अपने बचाव में अस्त व्यस्त थे–अपनी रौ में बोले जा रहे थे–"एक से एक पकवान रखे होते हैं, जिसकी जो इच्छा होती है जाकर ले लेता है।"

"लेकिन आपका तो प्रसाद का थाल अलग से सजता होगा न महाराज़ अथवा आप भी–"

गणनायक अटपटाये–"उन लोगों में रीति ही नहीं–"

"तो आप उस तरह तृप्त हो लेते थे महाराज?" गजानन ने एक छुपी दृष्टि गणनायक के निस्तेज चेहरे और शिथिल सूँड़ पर डालते हुए कहा–"और ये देखिये महाराज दस दिनों तक इतना खिलाने-पिलाने के बाद भी, आज, समुन्दर तक की यात्रा के बीच, कहीं मैं भूखा न रहूँ इसलिए, उन 'नौ-वारी' साड़ियों और कंठहार वाली आँगनवाड़ी की स्त्रियों ने मेरी विदा के आँसू पोंछते-पोंछते ये काले तिल के लड्डुओं का कटोरा ट्रॉली में मेरे सामने रख दिया है–आज बहुत रोये सब, मुझे विदा करते समय"–गजानन का कंठ रुँध रहा था...

अचानक काले तिल से लड्डुओं के भरे स्टील के कटोरे को देख कर गणनायक को लगा, काली, चमचमाती जैकेट लिजलिजे सर्प की तरह उनके घुटनों से सरकती जा रही है...

तब तक थोड़ी जगह हुई और गजानन की ट्रॉली भीड़ में जगह बनाती समुन्दर तक चली गयी।

लोटस टॉवर वाली वैन अड़ी थी। उधर विक्षुब्ध गणनायक देख रहे थे, गजानन को आँगनवाड़ी की चॉल वालों ने अपने सिर पर उठा लिया था और वे, गहरे और गहरे समुन्दर में उतरते जा रहे थे! ...जबकि उनकी वैन में साथ आये लोगों में वापस चख-चख शुरू हो गयी थी कि–"रात गहराती जायेगी और रास्ता मिलने में टाइम लग जायेगा? ...आखिर किनारे पर ही डाल देने में हर्ज क्या है?–सोचो तो मिट्टी को तो बह कर गलना ही है। ...मैं पहले ही कहता था कि पाँच दिन बहुत हैं, गणपति को रखने के लिए। पाँचवें दिन इतनी भीड़ नहीं होती। ...लेकिन लोगों को तो दस दिनों का जश्न चाहिए था।"

तेजेन्द्र शर्मा

तेजेन्द्र शर्मा का जन्म 21 अक्टूबर 1952 को पंजाब के शहर जगराँव के रेलवे क्वार्टरों में हुआ। पिता वहाँ के सहायक स्टेशन मास्टर थे। उचाना (रोहतक) व मौड़ मंडी में बचपन के कुछ वर्ष बिता कर 1960 में पिता का तबादला उन्हें दिल्ली ले आया। पंजाबी भाषी तेजेन्द्र शर्मा की स्कूली पढ़ाई दिल्ली के अन्धा मुगल क्षेत्र के सरकारी स्कूल में हुई। तत्पश्चात् दिल्ली विश्वविद्यालय से बी.ए. (ऑनर्स) अंग्रेजी एवं एम.ए. अंग्रेजी, कम्प्यूटर कार्य में डिप्लोमा।

मातृ भाषा : पंजाबी।

प्रकाशित कृतियाँ

कहानी संग्रह : काला सागर, ढिबरी टाइट, देह की कीमत, यह क्या हो गया, बेघर आँखें, सीधी रेखा की परतें—सम्पूर्ण कहानियाँ, कब्र का मुनाफा।

कविता / ग़ज़ल संग्रह : ये घर तुम्हारा है।

सम्पादित कृतियाँ : ब्रिटेन में उर्दू क़दम, समुद्र पार रचना संसार, यहाँ से वहाँ तक, समुद्र पार हिन्दी ग़ज़ल।

अनूदित कृतियाँ : पासपोर्ट का रङहरू (नेपाली कहानी संग्रह), ईंटों का जंगल (उर्दू कहानी संग्रह), ढिबरी टाइट, कल फेर आंवीं (दोनों पंजाबी कहानी संग्रह)।

अंग्रेजी में : Black & White (biography of a banker), Lord Byron - Don Juan, John Keats - The Two Hyperions.

विशेष : दूरदर्शन के लिए शान्ति सीरियल का लेखन।

अन्नू कपूर निर्देशित फिल्म अभय में नाना पाटेकर के साथ अभिनय।

कथा यू.के. संस्था की लन्दन में स्थापना जिसके माध्यम से ब्रिटेन की संसद के हाउस ऑफ़ कॉमन्स में प्रतिवर्ष अन्तरराष्ट्रीय इन्दु शर्मा कथा सम्मान एवं पद्मानन्द साहित्य सम्मान का आयोजन।

पुरस्कार/सम्मान : ढिबरी टाइट को महाराष्ट्र राज्य साहित्य अकादमी पुरस्कार; सहयोग फाउंडेशन का युवा साहित्यकार पुरस्कार; सुपथगा सम्मान; कृति यू.के. द्वारा बेघर आँखें को ब्रिटेन की सर्वश्रेष्ठ कहानी का सम्मान; प्रथम संकल्प साहित्य सम्मान, दिल्ली; तितली बाल-पत्रिका साहित्य सम्मान, बरेली; भारतीय उच्चायोग द्वारा डॉ. हरिवंशराय बच्चन सम्मान।

क़ब्र का मुनाफा

तेजेन्द्र शर्मा

"यार कुछ न कुछ तो नया करना ही पड़ेगा। सारी जिन्दगी नौकरी में गँवा चुके हैं। अब और नहीं की जायेगी ये चाकरीद्ध" ख़लील जैदी का चेहरा सिगरेट के धुएँ के पीछे धुँधला सा दिखाई दे रहा है।

नजम जमाल व्हिस्की का हलका सा घूँट भरते हुए किसी गहरी सोच में डूबा बैठा है। सवाल दोनों के दिमाग में एक ही है—अब आगे क्या करना है। कौन करे अब यह कुत्ता घसीटी।

ख़लील और नजम ने जीवन के तैंतीस साल अपनी कम्पनी की सेवा में होम कर दिये हैं। दोनों की यारी के किस्से बहुत पुराने हैं। ख़लील शराब नहीं पीता और नजम सिगरेट से परेशान हो जाता है। किन्तु दोनों की आदतें दोनों की दोस्ती के कभी आड़े नहीं आती हैं। ख़लील जैदी एक युवा अफसर बन कर आया था इस कम्पनी में, किन्तु आज उसने अपनी मेहनत और अक्ल से इस कम्पनी को यूरोप की अग्रणी फाइनेंशियल कम्पनियों की कतार में ला खड़ा किया है। लन्दन के फाइनेंशियल सेक्टर में ख़लील की खासी इज्जत है।

"वैसे ख़लील भाई क्या जरूरी है कि कुछ किया ही जाये। इतना कमा लिया अब आराम क्यों न करें।... बेटे, बहुएँ और पोते-पोतियों के साथ बाकी दिन बिता दिये जायें तो क्या बुरा है?"

"मियाँ, दूसरे के लिए पूरी जिन्दगी लगा दी, कम्पनी को कहाँ से कहाँ पहुँचा दिया। लेकिन...कल को मर जायेंगे तो कोई याद भी नहीं करेगा। अगर इतनी मेहनत अपने लिए की होती तो पूरे फाइनेंशियल सेक्टर में हमारे नाम की माला जपी जा रही होती।"

"ख़लील भाई, मरने पर याद आया, आपने कार्पेण्डर्स पार्क के कब्रिस्तान में अपनी और भाभी जान की क़ब्र बुक कर ली है या नहीं? देखिये उस कब्रिस्तान की लोकेशन, उसका लुक, और माहौल एकदम यूनीक है। ...अब जिन्दगी भर

तो काम, काम और काम से फुर्सत नहीं मिली, कम से कम मर कर तो चैन की जिन्दगी जिएँगे।''

''क्या बात कही है मियाँ, कम से कम मर कर तो चैन की जिन्दगी जिएँगे। भाई वाह, वो किसी शायर ने भी क्या बात कही है कि, मर के भी चैन न पाया तो किधर जायेंगे। ...यार मुझे तो कोई दिक्कत नहीं। तुम्हारी भाभी जान बहुत सोशलिस्ट किस्म की औरत हैं। पता लगते ही बिफर जायेगी। वैसे, तुमने आबिदा से बात कर ली है क्या? ये हव्वा की औलादों ने भी हम जैसे लोगों का जीना मुश्किल कर रखा है। अब देखो ना...''

नजम ने बीच में ही टोक दिया, ''ख़लील भाई इनके बिना गुजारा भी तो नहीं। नेसेसरी ईविल हैं हमारे लिए और फिर इस देश में तो स्टेट्स के लिए भी इनकी जरूरत पड़ती है। इस मामले में जापान बढ़िया है। हर आदमी अपनी बीवी और बच्चे तो शहर के बाहर रखता है, सबर्ब में—और शहर वाले फ्लैट में अपनी वर्किंग पार्टनर। सोच कर कितना अच्छा लगता है।'' साफ पता चल रहा था कि व्हिस्की अपना रंग दिखा रही है।

''यार ये साला कब्रिस्तान शिया लोगों के लिए एक्सक्लूसिव नहीं हो सकता क्या? ...वर्ना मरने के बाद पता नहीं चलेगा कि पड़ोस में शिया है सुन्नी या फिर वो गुजराती टोपी वाला। यार सोच कर ही झुरझुरी महसूस होती है। मेरा तो बस चले तो एक कब्रिस्तान बना कर उस पर बोर्ड लगा दूँ—शिया मुसलमानों के लिए रिजर्व्ड।''

''बात तो आपने पते की कही है ख़लील भाई। लेकिन ये अपना पाकिस्तान तो है नहीं। यहाँ तो शुक्र मनाइए कि गोरी सरकार ने हमारे लिए अलग से कब्रिस्तान बना रखा है। वर्ना हमें भी ईसाइयों के कब्रिस्तान में ही दफन होना पड़ता। आपने कार्पेण्डर्स पार्क वालों की नयी स्कीम के बारे में सुना क्या? वो खाली दस पाउण्ड महीने की प्रीमियम पर आपको शान से दफनाने की पूरी जिम्मेदारी अपने पर ले रहे हैं। उनका जो नया पैम्फलेट निकला है उसमें पूरी डिटेल्स दे रखी हैं। लाश को नहलाना, नये कपड़े पहनाना, कफ़न का इन्तजाम, रॉल्स रॉयस में लाश की सवारी और क़ब्र पर संगमरमर का प्लाक—ये सब इस बीमे में शामिल है।''

''यार ये अच्छा है, कम से कम हमारे बच्चे हमें दफनाते वक्त अपनी जेबों की तरफ़ नहीं देखेंगे। मैं तो जब इरफान की तरफ देखता हूँ तो बहुत मायूस हो जाता हूँ। देखो पैंतीस का हो गया है मगर मजाल है जरा भी जिम्मेदारी का अहसास हो।

...कल कह रहा था, डैड कराची में बिजनेस करना चाहता हूँ, बस एक लाख पाउण्ड का इन्तजाम करवा दीजिए। अबे पाउण्ड क्या साले पेड़ों पर उगते हैं। नादिरा ने बिगाड़ रखा है। अपने आपको अपने सोशलिस्ट कामों में लगा रखा है। जब बच्चों को माँ की परवरिश की जरूरत थी, ये मेमसाब कार्ल मार्क्स की समाधि पर फूल चढ़ा रही थीं। साला कार्ल मार्क्स मरा तो अंग्रेजों के घर में और कैपिटलिज्म के ख़िलाफ किताबें यहाँ लिखता रहा इसीलिए दुनिया जहान के मार्क्सवादी दोगले होते हैं। सालों ने हमारा तो घर तबाह कर दिया। मेरा तो बच्चों के साथ कोई कम्यूनिकेशन ही नहीं बन पाया।'' ख़लील जैदी ने ठण्डी साँस भरी।

थोड़ी देर के लिए सन्नाटा छा गया है। मौत का सा सन्नाटा। हलका सा सिगरेट का कश, छत की तरफ उठता धुआँ, शराब का एक हलका सा घूँट गले में उतरता, थोड़ी काजू के दाँतों से काटने की आवाज। नजम से रहा नहीं गया, ''ख़लील भाई, उनकी एक बात बहुत पसन्द आयी है। उनका कहना है कि अगर आप किसी एक्सीडेंट या हादसे का शिकार हो जायें, जैसे आग से जल मरें तो वो लाश का ऐसा मेकअप करेंगे कि लाश एकदम जवान और ख़ूबसूरत दिखाई दे। अब लोग तो लाश की आख़िरी शक्ल ही याद रखेंगे न। नादिरा भाभी और आबिदा को यही आइडिया बेचते हैं, कि जब वो मरेंगी तो दुल्हन की तरह सजाई जायेंगी।''

''यार नजम, एक काम करते हैं, बुक करवा देते हैं दो दो कब्रें। हमें नादिरा या आबिदा को अभी बताने की ज़रूरत क्या है। जब जरूरत पड़ेगी तो बता देंगे।''

''क्या बात कही है भाई जान, मजा आ गया! लेकिन, अगर उनको जरूरत पड़ गयी तो बताएँगे कैसे? बताने के लिए उनको दोबारा जिन्दा करवाना पड़ेगा। ...हा...हा...हाहा...''

''सुनो, उनकी कोई स्कीम नहीं है जैसे बाई वन गैट वन फ्री या बाई टू गैट वन फ्री? अगर ऐसा हो तो हम अपने अपने बेटों को भी स्कीम में शामिल कर सकते हैं। अल्लाह ने हम दोनों को एक एक ही तो बेटा दिया है।''

''भाई जान अगर नादिरा भाभी ने सुन लिया तो खट से कहेंगी, क्यों जी हमारी बेटियों ने क्या कुसूर किया है?''

''यार तुम डरावनी बातें करने से बाज नहीं आओगे। मालूम है, वो तो समीरा की शादी सुन्नियों में करने को तैयार हो गयी थी। कमाल की बात ये है कि उसे शिया, सुन्नी, आगाख़ानी, बोरी सभी एक समान लगते हैं। कहती हैं, सभी मुसलमान हैं और अल्लाह के बंदे हैं। उसकी इंडिया की पढ़ाई अभी तक उसके दिमाग से निकली नहीं है।''

"भाई जान अब इंडिया की पढ़ाई इतनी खराब भी नहीं होती। पढ़े तो मैं और आबिदा भी वहीं से हैं। दरअसल मैं तो गोआ में कुछ काम करने के बारे में भी सोच रहा हूँ। वहाँ अगर कोई टूरिस्ट रिज़ॉर्ट खोल लूँ तो मजा आ जायेगा...! भाई, सच कहूँ, मुझे अब भी अपना घर मेरठ ही लगता है। चालीस साल हो गये हिन्दुस्तान छोड़े, लेकिन लाहौर अभी तक अपना नहीं लगता। ...यह जो मुहाजिर का ठप्पा चेहरे पर लगा है, उससे लगता है कि हम लाहौर में ठीक वैसे ही हैं, जैसे हिन्दुस्तान में चूढ़े चमार।"

"मियाँ चढ़ गयी है तुम्हें। पागलों की सी बातें करने लगे हो। याद रखो, हमारा वतन पाकिस्तान है। बस। यह हिन्दू धर्म एक डीजेनेरेट, वल्गर और करप्ट कल्चर है। हिन्दुओं या हिन्दुस्तान की पढ़ाई पूरी तरह से एंटी-इस्लामिक है। फिल्में देखी हैं इनकी, वल्गैरिटी परसॉनीफाइड। मेरा तो बस चले तो सारे हिन्दुओं को एक कतार में खड़ा करके गोली से उड़ा दूँ।"

नजम के खर्राटे बता रहे थे कि उसे ख़लील जैदी की बातों में कोई रुचि नहीं है। वो शायद सपनों के उड़नखटोले पर बैठ कर मेरठ पहुँच गया था। मेरठ से दिल्ली तक की बस का सफर, रेलगाड़ी की यात्रा और आबिदा से पहली मुलाकात, पहली मुहब्बत, फिर शादी। पूरी जिन्दगी जैसे किसी रेल की पटरी पर चलती हुई महसूस हो रही थी।

महसूस आबिदा भी कर रही थी और नादिरा भी। दोनों महसूस करती थीं कि उनके पतियों के पास उनके लिए कोई समय नहीं है। उनके पति बस पैसा देते हैं घर का ख़र्चा चलाने के लिए, लेकिन उसका भी हिसाब किताब ऐसे रखा जाता है जैसे कम्पनी के किसी क्लर्क से खर्चे का हिसाब पूछा जा रहा हो। दोनों को कभी यह महसूस नहीं हुआ कि वे अपने-अपने घर की मालकिनें हैं। उन्हें समय-समय पर यह याद दिला दिया जाता था कि घर के मालिक के हुक्म के बिना वे एक कदम भी नहीं चल सकतीं। आबिदा तो अपनी नादिरा आपा के सामने अपना रोना रो लेती थी लेकिन नादिरा हर बात केवल अपने सीने में दबाये रखतीं।

नादिरा ने बहुत मेहनत से अपने व्यक्तित्व में परिवर्तन पैदा किया था। उसने एक स्थायी हँसी का भाव अपने चेहरे पर चढ़ा लिया था। पति की डाँट-फटकार, गाली-गलौज यहाँ तक कि कभी-कभार की मारपीट का भी उस पर कोई असर दिखाई नहीं देता था। कभी-कभी तो ख़लील जैदी उसकी मुस्कुराहट से परेशान हो जाते, "आख़िर आप हर वक्त मुस्कुराती क्यों रहती हैं? यह हर वक्त का दाँत निकालना सीखा कहाँ से है आपने। हमारी बात का कोई असर ही नहीं होता आप पर।"

नादिरा सोचती रह जाती है कि अगर वो गमगीन चेहरा बनाये रखे तो भी उसके पति को परेशानी हो जाती है। अगर वो मुस्कुराए तो उन्हें लगता है कि जरूर कहीं कोई गड़बड़ है अन्यथा जो व्यवहार वे उसे दे रहे हैं, उसके बाद तो मुस्कुराहट जीवन से गायब ही हो जानी चाहिए।

नादिरा ने एक बार नौकरी करने की पेशकश भी की थी। लखनऊ विश्वविद्यालय से एम.ए. पास है वह। लेकिन ख़लील जैदी को नादिरा की नौकरी का विचार इतना घटिया लगा कि बात, बहस में बदली और नादिरा के चेहरे पर उँगलियों के निशान बनाने के बाद ही रुकी। इसका नतीजा यह हुआ कि नादिरा ने पाकिस्तान से आयी उन लड़कियों के लिए लड़ने का बीड़ा उठा लिया है जो अपने पतियों एवं सास-ससुर के व्यवहार से पीड़ित हैं।

ख़लील को इसमें भी शिकायत रहती है, "आपका तो हर खेल ही निराला है! मैडम कभी कोई ऐसा काम भी किया कीजिए जिससे घर में कुछ आये। आपको भला क्या लेना कमाई धमाई से। आपको तो बस एक मजदूर मिला हुआ है, वो करेगा मेहनत, कमाए और आप उड़ाइये मजे।" अब नादिरा प्रतिक्रिया व्यक्त नहीं करती। जैसे ही ख़लील शुरू होता है, वो कमरा छोड़ कर बाहर निकल जाती है। वह समझ गयी है कि ख़लील को बीमारी है—कंट्रोल करने की बीमारी। वह हर चीज, हर स्थिति, हर व्यक्ति को कंट्रोल कर लेना चाहता है—कंट्रोल फ्रीक। यही दफ्तर में भी करता है और यही घर में।

अपने-अपने घरों में आबिदा और नादिरा बैंठी हैं। आबिदा टी.वी. पर फिल्म देख रही है—लगान। वह आमिर ख़ान की पक्की फैन है। उसकी हर फिल्म देखती है और घंटों उस पर बातचीत भी कर सकती है। पाकिस्तानी फिल्में उसे बिल्कुल अच्छी नहीं लगतीं। बहुत लाउड लगती हैं। लाउड तो उसे अपना पति भी मालूम होता है लेकिन इसका कोई इलाज नहीं है उसके पास। उसे विश्वास है कि नादिरा आपा कभी गलत हो ही नहीं सकती हैं। वह उनकी हर बात पत्थर की लकीर मानती है।

लकीर तो नादिरा ने भी लगा ली है अपने और ख़लील के बीच। अब वह ख़लील के किसी काम में दख़ल नहीं देती। लेकिन ख़लील की समस्या यह है कि नादिरा दिन प्रतिदिन खुदमुख़्तार होती जा रही है। जब से ख़लील जैदी ने घर का सारा ख़र्चा अपने हाथ में लिया है, तब से वो घर का सौदा सुलफ भी नहीं लाती। ख़लील कुढ़ता रहता है लेकिन समझ नहीं पाता कि नादिरा के अहंम को कैसे तोड़े।

नादिरा ख़लील के एजेण्डे से पूरी तरह वाक़िफ है, जानती है कि ज़मींदार ख़ून बरदाश्त नहीं कर सकता कि उसकी रियाया उसके सामने सिर उठा कर

बात कर सके। परवेज अहमद के घर हुए बार-बे-क्यू में तो बदतमीजी की हद कर दी थी ख़लील ने। बात चल निकली थी प्रजातन्त्र पर, कि पाकिस्तान में तो छद्‌म डेमोक्रेसी है। परवेज स्वयं इसी विचारधारा के व्यक्ति हैं। उस पर नादिरा ने कहीं भारत को विश्व का सबसे बड़ा प्रजातंत्र कह दिया। ख़लील का पारा चढ़ गया। ''रहने दीजिए, भला आप क्या समझेंगी'' बस यही कह कर एकदम चुप हो गया। नादिरा ने स्थिति को समझने में गलती कर दी और कहती गयी, ''परवेज भाई मैं क्या गलत कह रही हूँ। भारत का प्रधानमंत्री सिख, वहाँ का राष्ट्रपति मुसलमान और कांग्रेस की मुखिया ईसाई। क्या दुनिया के किसी भी और देश में ऐसा हो सकता है?''

फट पड़ा था ख़लील, ''आप तो बस हिन्दू हो गयी हैं। आप सिन्दूर लगा लीजिए, बिन्दी माथे पर चढ़ा लीजिए और आर्य समाज में जा कर शुद्धि करवा लीजिए। ...लेकिन याद रखियेगा, हम आपको तलाक़ दे देंगे।'' सन्नाटा छा गया था पूरी महफिल में। नादिरा भी सन्न रह गयी। उसने जिस निगाह से ख़लील को देखा अपने इस जीवन में ख़लील उसकी परिभाषा के लिए शब्द नहीं खोज पायेगा। फिर नादिरा ने एक झटका दिया अपने सिर को और चिपका ली वही मुस्कुराहट अपने चेहरे पर। ख़लील तिलमिलाया, परेशान हुआ और अन्ततः चकरा कर कुर्सी पर बैठ गया। महफिल की मुर्दनी ख़त्म नहीं हो पायी। परवेज शर्मिन्दा सा नादिरा भाभी को देख रहा था। उसे अफसोस था कि उसने बात शुरू ही क्यों की। महफिल में कब्रिस्तान की सी चुप्पी छा गयी थी।

घर में भी कब्रिस्तान पहुँच गया। नादिरा आम तौर पर ख़लील के पत्र नहीं खोलती। एक बार खोलने का ख़मियाजा भुगत चुकी है। लेकिन इस पत्र पर पता लिखा था श्री एवं श्रीमती ख़लील जैदी। उसे लगा जरूर कोई निमन्त्रण पत्र ही होगा। पत्र खोला तो हैरान रह गयी। अपने घर से इतनी दूर किसी कब्रिस्तान में इतनी पहले अपने लिए क़ब्र आरक्षित करवाने का औचित्य समझ नहीं पायी। क्या उसका घर एक जिन्दा कब्रिस्तान नहीं? इस घर में ख़लील क्या नर्क का जल्लाद नहीं। घबरा भी गयी कि मरने के बाद भी ख़लील की बगल में ही रहना होगा। क्या मरने के बाद भी चैन नहीं मिलेगा?

चैन तो उसे दिन भर भी नहीं मिला। पाकिस्तान से आयी अनीसा ने आत्महत्या का प्रयास किया था। रॉयल जनरल हस्पताल में दाख़िल थी। उसे देखने जाना था, पुलिस से बातचीत करनी थी। अनीसा को क़ब्र में जाने से रोकना था। अनीसा को दिलासा देती, पुलिस से बातचीत करती, सब-वे से सैण्डविच लेकर चलती कार में खाती वह घर वापस पहुँची।

घर की रसोई में खटपट की आवाजें सुनाई दे रही थीं। यानि कि अब्दुल खाना बनाने आ चुका था। रात का भोजन अब्दुल ही बनाता है। ख़लील के लिए आज ख़ास तौर पर कबाब और मटन चॉप बन रही थीं। नादिरा ने जब से योग शुरू किया है, शाकाहारी हो गयी है। ऊपर कमरे में जा कर कपड़े बदल कर नादिरा अब्दुल के पास रसोई में आ गयी है। अब्दुल की ख़ासियत है कि जब तक उससे कुछ पूछा ना जाये चुपचाप काम करता रहता है। बस हल्की सी मुस्कुराहट उसके व्यक्तित्व का एक हिस्सा है। आज भी काम किये जा रहा है। नादिरा ने पूछ ही लिया, "अब्दुल तुम्हारी बीवी की तबीयत अब कैसी है। और बेटी ठीक है न।"

"अल्लाह का शुक्र है बाजी। माँ बेटी दोनों ठीक हैं" फिर चुप्पी। नादिरा को कई बार हैरानी भी होती है कि अब्दुल के पास बात करने के लिए कुछ भी नहीं होता। अच्छा भी है। दो घरों में काम करता है। कभी इधर की बात उधर नहीं करता।

ख़लील घर आ गया है। अब शरीर थक जाता है। उसे इस बात का गर्व है कि उसने अपने परिवार को जमाने भर की सुविधाएँ मुहैया करवाई हैं। नादिरा के लिए बी.एम.डब्ल्यू. कार है तो बेटे इरफान के लिए टोयोटा स्पोर्ट्स। हैम्पस्टैड जैसे पॉश इलाके में महलनुमा घर है। घर के बाहर दूर तक फैली हरियाली और पहाड़ी। बिल्कुल पिक्चर पोस्टकार्ड जैसा घर दिया है नादिरा को। वह चाहता है कि नादिरा इसके लिए उसकी कृतज्ञ रहे। नादिरा तो एक बेडरूम के फ्लैट में भी ख़ुश रह सकती है। ख़ुशी को रहने के लिए महलनुमा घर की जरूरत नहीं पड़ती। सात बेडरूम का घर अगर एक मकबरे का आभास दे तो ख़ुशी तो घर के भीतर घुसने का साहस भी नहीं कर पायेगी। दरवाजे के बाहर ही खड़ी रह जायेगी।

"ख़लील ये आपने अभी से कब्रें क्यों बुक करवा ली हैं? और फिर घर से इतनी दूर क्यों? कार्पेण्डर्स पार्क तक तो हमारी लाश को ले जाने में भी खासी मुश्किल होगी।"

"भई, एक बार लाश रॉल्स राईस में रखी गयी तो हैम्पस्टैड क्या और कार्पेण्डर्स पार्क क्या। यह कब्रिस्तान जरा पॉश किस्म का है। फाइनेंशियल सेक्टर के हमारे ज्यादातर लोगों ने वहीं दफन होने का फैसला लिया है। कम से कम मरने के बाद अपने स्टेट्स के लोगों के साथ रहेंगे।"

"ख़लील, आप जिन्दगी भर तो इन्सान को पैसों से तौलते रहे। क्या मरने के बाद भी आप नहीं बदलेंगे। मरने के बाद तो शरीर मिट्टी ही है, फिर उस मिट्टी का नाम चाहे अब्दुल हो नादिरा या फिर ख़लील।"

"देखो नादिरा अब शुरू मत हो जाना। तुम अपना समाजवाद अपने पास

रखो। मैं उसमें दखल नहीं देता तुम इसमें दखल मत दो। मैं इन्तजाम कर रहा हूँ कि हम दोनों के मरने के बाद हमारे बच्चों पर हमें दफनाने का कोई बोझ न पड़े। सब काम बाहर बाहर से ही हो जाये।''

''आप बेशक करिये इन्तजाम लेकिन उसमें भी बुर्जुआ सोच क्यों? हमारे इलाके में भी तो कब्रिस्तान है, हम हो जायेंगे वहाँ दफन। मरने के बाद क्या फर्क पड़ता है कि हम कहाँ हैं?''

''देखो मैं नहीं चाहता कि मरने के बाद हम किसी ख़ानसामा, मोची या प्लंबर के साथ पड़े रहें। नजम ने भी वहीं कब्रें बुक करवाई हैं। दरअसल मुझे तो बताया ही उसी ने। मैं चाहता हूँ कि तुम्हारी जिन्दगी में तो तुमको बेस्ट चीजें मुहैया करवाऊँ ही, मरने के बाद भी बेहतरीन जिन्दगी दूँ। भई अपने जैसे लोगों के बीच दफन होने का सुख और ही है।''

''ख़लील अपने जैसे क्यों? अपने क्यों नहीं? आप पाकिस्तान में क्यों नहीं दफन होना चाहते? वहाँ आप अपनों के करीब रहेंगे। क्या ज्यादा ख़ुशी नहीं हासिल होगी?''

''आप हमें यह उल्टा पाठ न पढ़ाएँ। इस तरह तो आप हमसे कहेंगी कि मैं पाकिस्तान में दफन हो जाऊँ अपने लोगों के पास और आप मरने के बाद पहुँच जायें भारत अपने लोगों के कब्रिस्तान में। यह चाल मेरे साथ नहीं चल सकती हैं आप। हम आपकी सोच से अच्छी तरह वाक़िफ है बेगम।''

''ख़लील हम कहे देते हैं, हम किसी फाइव स्टार क़ब्रिस्तान में न तो खुद को दफन करवाएँगे और न ही आपको होने देंगे। आप इस तरह की सोच से बाहर निकलिए।''

''बेगम कुरान-ए-पाक भी इस तरह का कोई फतवा नहीं देती कि क़ब्रिस्तान किस तरह का हो। वहाँ भी सिर्फ दफन करने की बात है।''

''दिक्कत तो यही है ख़लील, यह जो तीनों आसमानी किताबों वाले मजहब हैं वो पूरी जमीन को कब्रिस्तान बनाने पर आमादा हैं। एक दिन पूरी जमीन कम पड़ जायेगी इन तीनों मजहबों के मरने वालों के लिए।''

''नादिरा जी, अब आप हिन्दुओं की तरह मुतासिब बातें करने लगी हैं। समझती तो आप कुछ हैं नहीं आप तो यह भी कह देंगी कि हम मुसलमानों को भी हिन्दुओं की तरह चिता में जलाना चाहिए।'' ख़लील जब गुस्सा रोकने का प्रयास करता है, तो नादिरा के नाम के साथ जी लगा देता है।

''हर्ज ही क्या है इसमें? कितना साफ-सुथरा सिस्टम है। जमीन भी बची रहती है, ख़ाक मिट्टी में भी मिल जाती है।''

"देखिये हमें भूख लगी है। बाकी बात कल कर लेंगे।"

कल कभी आता भी तो नहीं है। फिर आज हो जाता है। किन्तु नादिरा ने तय कर लिया है कि इस बात को क़ब्र में नहीं दफन होने देगी। आबिदा को फोन करती है, "आबिदा, कैसी हो?"

"अरे नादिरा आपा कैसी हैं आप? आपको पता है आमिर ख़ान ने दूसरी शादी कर ली है। और सैफ अली ख़ान ने भी अपनी पहली बीवी को तलाक़ दे दिया है। इन दिनों बॉलीवुड में मजेदार ख़बरें मिल रही हैं। आपने शाहरुख़ की नयी फिल्म देखी क्या? देवदास क्या फिल्म है!"

"आबिदा, तुम फिल्मों की दुनिया से बाहर आकर हक़ीकत को भी कभी देखा करो। तुम्हें पता है कि ख़लील और नजम कार्पेण्डर्स पार्क के कब्रिस्तान में कब्रें बुक करवा रहे हैं।"

"आपा हमें क्या फर्क पड़ता है? एक के बदले चार-चार बुक करें और मरने के बाद चारों में रहें। आपा जब जिन्दा होते हुए इनको सात-सात बेडरूम के घर चाहिए तो मरने के बाद क्या खाली दो गज जमीन काफी होगी इनके लिए। मैं तो इनके मामलों में दख़ल ही नहीं देती। हमारा ध्यान रखें बस। ...आप क्या समझती हैं कि मैं नहीं जानती कि नजम पिछले चार साल से बुश्रा के साथ वक्त बिताते हैं। आप क्या समझती हैं कि बन्द कमरे में दोनों कुरान शरीफ की आयतें पढ़ रहे होते हैं? पिछले दो सालों से हम दोनों भाई बहन की तरह जी रहे हैं। अगर हिन्दू होती तो अब तक नजम को राखी बाँध चुकी होती।"

धक्क सी रह गयी नादिरा। उसने तो कभी सोचा ही नहीं कि पिछले पाँच वर्षों से एक ही बिस्तर पर सोते हुए भी वह और ख़लील हम-बिस्तर नहीं हुए दोनों के सपने भी अलग-अलग होते हैं और सपनों की जबान भी। एक ही बिस्तर पर दो अलग-अलग जहान होते हैं। तो क्या ख़लील भी कहीं...वैसे उसे भी क्या फर्क पड़ता है।

"आबिदा, मैं जाती रिश्तों की बात नहीं कर रही। मैं समाज को ले कर परेशान हूँ। क्या यह ठीक है जो यह दोनों कर रहे हैं?"

"आपा, मुझे कोई फर्क नहीं पड़ता। मेरे लिए यह बातें बेकार सी हैं। जब मर ही गये तो क्या फर्क पड़ता है कि मिट्टी कहाँ दफन हुई। इस बात को लेकर मैं अपना आज क्यों ख़राब करूँ? हाँ अगर नजम मुझसे पहले मर गये, तो मैं उनको दुनिया के सबसे गरीब कब्रिस्तान में ले जाकर दफन करूँगी और क़ब्र पर कोई कुतबा नहीं लगवाऊँगी। गुमनाम क़ब्र होगी उसकी। अगर मैं पहले मर गयी तो फिर बचा ही क्या?"

ठीक कहा आबिदा ने कि बचा ही क्या। आज जिन्दा है तो भी क्या बचा है। साल भर बीत जाने के बाद भी क्या कर पायी है नादिरा। आदमी दोनों जिन्दा हैं लेकिन कब्रें आरक्षित हैं दोनों के लिए। ख़लील और नजम आज भी इसी सोच में डूबे हैं कि नया धन्धा क्या शुरू किया जाये। कब्रें आरक्षित करने के बाद वो दोनों इस विषय को भूल भी गये हैं।

लेकिन कार्पेण्डर्स पार्क उनको नहीं भूला है। आज फिर एक चिट्ठी आयी है। मुद्रा स्फीति के साथ-साथ मासिक किश्त में पैसे बढ़ाने की चिट्ठी ने नादिरा का ख़ून फिर खौला दिया है। ख़लील और नजम आज ड्राइंग रूम में योजना बना रहे हैं। पूरे लन्दन में एक नजम ही है जो ख़लील के घर शराब पी सकता है। और एक ख़लील ही है जो नजम के घर सिगरेट पी सकता है। लेकिन दोनों अपना-अपना नशा खुद साथ लाते हैं—सिगरेट भी और शराब भी।

"ख़लील भाई, देखिये मैं पाकिस्तान में कोई धन्धा नहीं करूँगा। एक तो आबिदा वहाँ जायेगी नहीं, दूसरे अब तो बुश्रा का भी सोचना पड़ता है, और तीसरा यह कि अपना तो साला पूरा मुल्क ही करप्शन का मारा हुआ है। इतनी रिश्वत देनी पड़ती है कि दिल करता है सामने वाले को चार जूते लगा दूँ। ऊपर से नीचे तक सब करप्ट। अगर हम दोनों को मिल कर कोई काम शुरू करना है तो यहीं इंगलैण्ड में रह कर करना होगा। वर्ना आप कराची और हम गोआ। मैं तो आजकल सपनों में वहीं गोआ में रहता हूँ। क्या जगह है ख़लील भाई, क्या लोग हैं, कितना सेफ फील करता है आदमी वहाँ।"

"मियाँ तुमको चढ़ बहुत जल्दी जाती है। अभी तय कुछ हुआ नहीं तुम्हारे अन्दर का हिन्दुस्तानी लगा चहकने। तुम साले हिन्दुस्तानी लोग कभी सुधर नहीं सकते। अन्दर से तुम सब के सब मुत्तासिब होते हो, चाहे मजहब तुम्हारा कोई भी हो। तुम्हारा कुछ नहीं हो सकता।"

"तो फिर आप ही कुछ सोचिए ना। आप तो बहुत ब्रॉड-माइंडेड हैं।"

"वही तो कर रहा हूँ। देखो एक बात सुनो..."

नादिरा भुनभुनाती हुई ड्राइंग रूम में दाख़िल होती है, "ख़लील, मैंने आपसे कितनी बार कहा है कि यह कब्रें कैंसिल करवा दीजिए। आप मेरी इतनी छोटी सी बात नहीं मान सकते?"

"अरे भाभी, आपको ख़लील भाई ने बताया नहीं कि उनकी स्कीम की ख़ास बात क्या है? उनका कहना है कि अगर आप किसी एक्सीडेंट या हादसे का शिकार हो जायें, जैसे आग से जल मरें तो वो लाश का ऐसा मेकअप करेंगे कि लाश एकदम जवान और ख़ूबसूरत दिखाई दे। अब आप ही सोचिए ऐसी

कौन सी ख़ातून है जो मरने के बाद ख़ूबसूरत और जवान न दिखना चाहेगी?''

''आप तो हमसे बात भी न करें नजम भाई। आपने ही यह कीड़ा इनके दिमाग में डाला है। हम आपको कभी माफ नहीं करेंगे। ...ख़लील आप अभी फोन करते हैं या नहीं। वर्ना मैं ख़ुद ही कब्रिस्तान को फोन करके कब्रें कैंसिल करवाती हूँ।''

''यार तुम समझती नहीं हो नादिरा, कैंसिलेशन चार्ज अलग से लगेंगे। क्यों नुकसान करवाती हो?''

''तो ठीक है मैं ख़ुद ही फोन करती हूँ और पता करती हूँ कि आपका कितना नुकसान होता है। उसकी भरपाई मैं ख़ुद ही कर दूँगी।''

नादिरा गुस्से में नम्बर मिला रही है। सिगरेट का धुआँ कमरे में एक डरावना सा माहौल पैदा कर रहा है। शराब की महक रही सही कसर भी पूरी कर रही है। फोन लग गया है। नादिरा अपना रेफरेन्स नम्बर दे कर बात कर रही है। ख़लील और नजम परेशान और बेबस से लग रहे हैं।

नादिरा थैंक्स कह कर फोन रख देती है। ''लीजिए ख़लील, हमने पता भी कर दिया है और कैन्सिलेशन का आर्डर भी दे दिया है। पता है उन्होंने क्या कहा? उनका कहना है कि आपने साढ़े तीन सौ पाउण्ड एक क़ब्र के लिए जमा करवाए हैं। यानि कि दो कब्रों के लिए सात सौ पाउण्ड। और अब इन्फलेशन की वजह से उन कब्रों की क़ीमत हो गयी है ग्यारह सौ पाउण्ड यानि कि आपको कुल चार सौ पाउण्ड का लाभ।''

ख़लील ने कहा, ''क्या चार सौ पाउण्ड का फायदा, बस साल भर में!'' उसने नजम की तरफ देखा। नजम की आँखों में भी वही चमक थी।

नया धन्धा मिल गया था!

कुसुम वियोगी

कुसुम वियोगी का जन्म 9 अक्तूबर 1955 को उत्तर प्रदेश में हुआ। इन्होंने एम.ए., एल.एल.बी., डी.ओ.एम.एच. तक की शिक्षा प्राप्त की है। कुसुम वियोगी की पत्रकारिता के साथ-साथ, पत्र-पत्रिकाओं के सम्पादन, सांस्कृतिक एवं सामाजिक आन्दोलनों में भी सक्रिय भागीदारी रही है। कुसुम जी के पाँच काव्य-संग्रह, अनेक शोध-पत्र, कहानियाँ एवं कविताएँ प्रकाशित हो चुकी हैं। दलित महिला कथाकारों में कुसुम वियोगी एक जाना-पहचाना नाम है।

अन्तिम बयान

कुसुम वियोगी

सूरज की किरण छिटकने से पहले हलवाहे अपने-अपने बैलों को ले खेतों पर जा चुके थे। जैसे ही सूरज की किरण फूटी गाँव-बस्ती की बहू-बेटियाँ ख़ाली बर्तन ले कुएँ की ओर चल पड़ीं। सुबह-सुबह पनघट पर पनिहारिनों द्वारा पानी भरने का दृश्य गाँव के वातावरण को और मनमोहक बना जाता है।

मज़दूरी करने वाले, अपने-अपने घरों से निकल काम को चल पड़े थे।

गाय-भैंस के न्यार फूस से रोज़ाना की तरह अतरो, कमला और भरतरी भी घर की चारदीवारी लाँघ खेतों की ओर निकल पड़ी थीं। चारों-पाँचों की टोली बन चुकी थी न्यार लाने को।

अतरो अपनी न्यार-टोली में ख़ूबसूरत कुँआरी जवान लड़की थी, कमल। और भरतरी दो-दो चार-चार बच्चों की माँ, लेकिन अतरो रिश्ते में ननद लगती थी चारों की। जब कभी मसखरी सूझती तो तीनों-चारों मज़ाक़ कर लेतीं अतरो से।

सूरज कुछ ऊपर चढ़ने के कारण, गर्मी अधिक बढ़ चली थी।

गाँव के प्रधान का लड़का अतरो पर मिट चला था। उसकी आये दिन की हरकतों को देख कमला और भरतरी उसकी मंशा भाँप गयी थीं, लेकिन अतरो से कुछ न कहतीं। राजेन्द्र अतरो को देख दूर से ही प्यास बुझा लेता, परन्तु ओठ सूखे के सूखे रह जाते।

जब भी ये टोली न्यार काटने जाती तो राजेन्द्र गाँव के टीले पर मजनूँ-सा बैठा मिलता, रास्ते में जो पड़ता था और पास ही उसके खेत थे। खेत क्या राजेन्द्र के बाप के थे? छोटी-मोटी रक़म की ऊनी-दूनी ब्याज़ लेकर और न देने पर बेनामा प्रधान अपने नाम करा लेता।

जैसे ही न्यार-टोली टीले की तरफ़ से गुज़रती तो राजेन्द्र कहता, ''अरी भाभी! आज बड़ी देर कर दी!'' गाँव की प्रथा ही कुछ अलग है! ग़रीब की लुगाई गाँव भर की भौजाई जो लगती, साठ-साल बूढ़ा भी बीस साल की औरत को भाभी

कहने में शरमाता, परन्तु बीस साल की औरत के दिल में आग-सी ज़रूर लग जाती, किसमें साहस जो विरोध के स्वर उठा पाती।

राजेन्द्र गाँव के प्रधान का इकलौता बेटा था। भला हो भुल्लन का, जो बीस साल बाद प्रधान की घरवाली की कोख हरी-भरी हो गयी, वर्ना वह तो बाँझ कहलाने के डर से बाहर ही न निकलती थी।

राजेन्द्र चरा-चराकर बिजार-सा छुट्टा छोड़ रखा था प्रधान ने, लेकिन वह बुद्धन की लौंडिया अतरो को दिल दे बैठा था। अतरो को देखकर वह कटे पंख के पखेरू-सा तड़प उठता।

प्रतिदिन की तरह तीनों आज भी न्यार काटने गयीं खेत पे तो राजेन्द्र से न रहा गया। जैसे ही वह उसके खेत के आगे से गुज़रीं तो राजेन्द्र ने कह ही दिया, "अरी भाभी! न्यार आज मेरे खेत से नहीं काटेगी क्या?"

भरतरी को भाभी कहता था प्रधान का लौंडा।

भरतरी उसकी निगाहें भाँप चली थी। यह सब देख अतरो से न रहा जाता, तभी कमला बोली, "जब कह रहे हो तो काट लेते हैं न्यार।"

कमला का भोलापन भरतरी और अतरो से न सहा जाता।

राजेन्द्र की आँखों से निकलती आग दोनों को झुलसा जाती।

न्यार काटने का क्रम लगातार चलता रहा। राजेन्द्र तीनों की अस्मिता को न्यार-फूँस के आगे बौनी समझ बैठा था।

एक दिन राजेन्द्र के खेत से न्यार काटकर तीनों घर को जाने लगीं, तभी राजेन्द्र बोला, "भाभी, तुम और कमला जाओ, अतरो से कुछ ख़ास बात करनी है।" राजेन्द्र की बात सुनकर भरतरी और कमला सकपका गयीं।

"आज जल्दी है, फिर कभी।"

लेकिन, वह उसकी बात न समझ सका और तीनों झाँसा दे बचकर निकल आयीं।

न्यार की गठरी उठाए रास्ते भर तीनों चर्चा करती जा रही थीं, तभी अतरो नागिन-सी फुफकार कर बोली, "भाभी! अगर उसने मुझे कुछ कह दिया तो फिर देख दराँती से गन्ने-सा कतरकर रख दूँगी हरामख़ोर को! गाँव वाले देखते रह जायेंगे।"

"अतरो!" कमला अकबका गयी थी, उसकी बात सुनकर, "हाय! तू क्या कह रही है! गाँव में गाज गिर पड़ेगी, कुछ हो गया तो।"

"तो फिर!"

"तू खोलकर रख देना हरामख़ोर के आगे..."

अब तो अतरो की आँख में ख़ून उतर आया था।

भरतरी ने कहा, "अतरो कल से हम तीनों किसी और रास्ते में चलेंगे न्यार काटने।"

अतरो बोली, "क्यों?

कमला ने तपाक से कहा, "अतरो! भाभी ठीक ही तो कह रही है।"

"क्या ख़ाक ठीक कह रही हैं? डरो मत! मैं सब देख लूँगी। कोई चार-हाथ पैर नहीं हैं ठाकुरों के।"

रोज़ाना की तरह जैसे ही तीनों न्यार काटने गयीं, अतरो को देख राजेन्द्र कली-सा खिल गया! तीनों अलग-अलग दिशाओं में न्यार काटने चली गयीं। राजेन्द्र की निगाह अतरो पर गिद्ध-सी गड़ी रही। ज्योंही तीनों अपनी गठरी सिर पर लादकर निकलीं तो देखा राजेन्द्र हाथों में कट्टा (देशी पिस्तौल) लिए बैठा है। कभी उसकी नाल खोलता तो कभी कारतूस डालकर निकालता है।

भरतरी ने उसकी मनोस्थिति भाँप ली। लेकिन कल की बातों से उसे अतरो की मर्दानगी पर नाज हो आया था।

"अरी भाभी काट लिया न्यार?"

भरतरी ने झट हाँ कर दी।

"गाय-भैंस को ही न्यार फूस-डालकर, प्यास बुझा देगी अतरो? या...।" राजेन्द्र ने कहा।

अतरो अन्दर-ही-अन्दर तेज़ाब-सी उफन पड़ी और उँगालियों में दराँती घुमाने लगी।

कमला खड़ी-खड़ी यह सब देखती-सुनती रही।

तभी राजेन्द्र ने कहा, "भाभी, तू कमला के साथ जा। अतरो अभी आयेगी थोड़ी देर में।"

अतरो भी कामुकमा के भेड़िये के शिकार को आतुर हो चली थी। जैसे ही दोनों घर की ओर चलीं, राजेन्द्र ने हाथ में लगे तमंचे को चूम लिया।

"अतरोऽऽऽऽ!"

"हाँ।"

"गठरी उतार दे न सिर से, खड़ी-खड़ी थक जायेगी।"

जैसे ही अतरो ने गठरी सिर से उतारनी चाही, राजेन्द्र ने लपककर गठरी उतारने को हाथ बढ़ाया और वह अतरो को ले खेत में जा गिरा।

कमला और भरतरी के पैर गाँव की ओर नहीं पड़ रहे थे। कहीं कुछ...।

दोनों अनर्थ के बोझ तले दबी जा रही थीं।

राजेन्द्र अतरो को बातों-बातों में बहलाने-फुसलाने लगा।

जैसे ही राजेन्द्र ने कपड़े उतारे...उसका पुरुष तन गया।...

थोड़ी देर बाद...

अतरो सिर पर न्यार की गठरी उठाए घर की ओर चल पड़ी।

रास्ते के बीचों-बीच कमला और भरतरी उसका इन्तज़ार कर रही थीं।

"अतरो।"

इतना कहते ही भाभी और कमला पसीने-पसीने हो गयीं।

अतरो की शेरनी-सी लाल आँखें देखकर वे उससे कुछ पूछने का साहस न बटोर सकीं।

"अतरोऽऽऽ!"

"अरी भाभी क्यों बैठी है यहाँ, घर चलो।"

"पाँव ही नहीं पड़ते जिज्जी।"

"अरी चलो न। क्यों घबरा रही हो, सब ठीक-ठाक है।"

लेकिन आज तो न्यार की गठरी का बोझ कहीं ज़्यादा लग रहा था और तीनों अपने-अपने घर जाकर काम-काज में व्यस्त हो गयीं।

कमला रात भर छप्पर की तीलियाँ गिनती रही। आँखों से नींद उचाट हो गयी थी और भरतरी अतरो की मर्दानगी पर फूली न समा पा रही थी। फिर भी दोनों के सम्बन्धों को लेकर हाँ-ना के हिंडोले में रात भर झूलती रही।

दूसरे दिन भी तीनों क्रमशः न्यार काटने गयीं। सब कुछ शान्त रहा। न्यार काटकर वे घर वापस आ गयीं। दो-तीन दिन तक राजेन्द्र उन्हें रास्ते में नहीं मिला।

एक दिन कमला ने पूछ ही लिया, "भाभी, राजेन्द्र नहीं दिख रहा कई दिनों से।"

"गया होगा कहीं, वर्ना कहाँ जाकर मरता है।"

अतरो समुद्र के अतल तल में गोते लगा रही थी।

राजेन्द्र जब दो-तीन दिन तक वापिस नहीं आया तो गाँव में हलचल मच गयी। कहाँ गया राजेन्द्र...कहाँ गया? तभी गाँव के थाने में प्रधान ने गुमशुदगी की रपट दर्ज कराई।

भरतरी और कमला का रोम-रोम सिहर उठा था, लेकिन वे एक-दूसरे से कुछ कह न सकीं।

चौथे दिन सूरज की किरण फूटी भी न थी कि कुएँ में पड़ी लाश की ख़बर गाँव में फ़ैल चुकी थी।

पुलिस की साइरन बजाती गाड़ियों की सीं-ऽऽऽ साँय की आवाज़ ने गाँव को ढँक-सा लिया था।

गाँव के लोग कुएँ के पास जंगल के पेड़ से उग चले थे। प्रधान और गाँव का सरपंच पुलिस को लेकर कुएँ के पास पहुँचे। जिसकी सूचना गाँव का जमादार पुलिस को पहले ही दे चुका था।

कुएँ में पड़ी बेटे की लाश देखकर प्रधान बेहोश होकर गिर पड़ा।

दूसरी तरफ़ पुलिस जंगल-सी उगी भीड़ पर लाठियाँ भाँजने में मशगूल थी। इतने में प्रधान की घरवाली का जबड़ा भिंच गया।

कोई मुँह में पानी डाल रहा था तो कोई पंखा-सा बनाकर कपड़े से झल रहा था। कैसा कहर बरपा था।

लेकिन भरतरी और कमला यह सब सुन पत्थर हो गयी थीं। अतरो रोज़ाना की तरह अपने काम-काज में मस्त थी।

जैसे ही पुलिस ने कुएँ में काँटा डाला तो लाश काँटे में मछली-सी फँस ऊपर उठ आयी। जैसे ही फूली लाश पानी से बाहर निकाली गयी, लाश की बदबू से सारा वातावरण गन्धिया गया।

सबने अपने-अपने मुँह कपड़े से ढाँप लिए। कैसी विडम्बना थी।

लाश का पंचनामा करने जैसे ही दरोग़ा आगे बढ़ा, भीड़ उसके पीछे-पीछे हो चली। तभी सिपाही ने लाठी हवा में तैराई और भीड़ पीछे हट गयी। लाश का देख घड़ी की सुई थम-सी गयी थी।

कुएँ की मुँडेर पर लगे नीम के पेड़ के ऊपर बैठे कौवों की काँव-काँव की आवाज वातावरण को और कर्कश बनाए जा रही थी।

तीन-चार सिपाहियों ने लाश के टाँग-हाथ पकड़कर बोरे की तरह उसे जीप में पटक दिया।

सारा क़ा सारा गाँव स्तब्ध हो गया। जीप में लाश को डलवाकर दरोग़ा सिविल अस्पताल की ओर बढ़ा तो धुआँ और गर्द-गुबार से पगडण्डी धुँधला गयी। पीछे-पीछे गाँव के लोग अपनी-अपनी सवारी से सिविल अस्पताल की ओर दौड़ चले।

सिविल अस्पताल गाँव से एक मील की दूरी पर ही स्थित था। धीरे-धीरे अस्पताल के आँगन में मजमा-मा जुड़ गया।

बड़े-बूढ़े, बीड़ी सुटिया-सुटिया कर घटना पर चर्चा कर रहे थे। कोई आत्महत्या बताता तो कोई हत्या। जितने मुँह उतनी बात। सब अपना-अपना आकलन प्रस्तुत कर रहे थे।

कोई सरपंच प्रधान को ढाढस बँधा रहा था तो कोई कुछ और कह रहा था। गाँव वालों को मामला कुछ अधिक गम्भीर नज़र आ रहा था।

राजेन्द्र को ऐसा क्या हुआ, जो कुएँ में...

सारे दिन के थके-हारे लोगों की भूख से आँतें मरोड़ खाने लगी थीं। चोरी-छुपके एक-एक करके लोग चाट-पत्ते चाटने चले ज़ाते और आकर टोली में बैठ बीड़ी सुटियाने लग जाते।

सिविल अस्पताल में बीड़ी के टोटों का ढेर लग गया था। दोनों खोमचों वालों की मौज हो गयी थी, पूरा गाँव जो उमड़ पड़ा था सिविल अस्पताल में।

पोस्टमार्टम करवाकर लाश गाँव के लोगों को थमा दी गयी।

पोस्टमार्टम की रिपोर्ट देखकर दरोग़ा की साँसें एक पल को रुक गयीं।

अचानक! एक कोने में जाकर दरोग़ा ने सरपंच को आवाज़ दी। सरपंच लड़खड़ाता हुआ दरोग़ा की ओर बढ़ा और प्रधान के ख़ैरख़्वाह भी। तभी दरोग़ा ने डपटकर कहा, "यहाँ क्या है? क्यों भीड़ लगा दी। जाओ वहीं बैठो।"

इतने में एक आदमी दौड़कर काठी-कफ़न ले आया। लाश को भैंसा बुग्गी में डालकर गाँव की ओर लौट चले।

सारी की सारी भीड़ पीछे-पीछे उलट चली। हदसे की ख़बर सुनकर आस-पास के लोग भी प्रधान को सान्त्वना देने पहुँच चुके थे।

मगर गाँव की जनानियों में कानाफूसी चल रही थी। कैसा क़हर बरपा है, प्रधान के ऊपर। घरवाली की आँखें रो-रोकर पथरा चली थीं।

ज्योंही लाश को नहलाने-धुलाने के लिए कपड़े उतारे तो लाश के आस-पास खड़े लोग विस्मय भाव से देखने लगे। प्रधान की आँखों में पुनः अँधेरा छा गया। एकाएक बेहोश होकर गिर पड़ा। तभी दो-तीन आदमी दौड़-दौड़ गये और एक लोटा पानी लाकर मुँह पर पानी की छींटा देने लगे। प्रधान अचेत-सा पड़ा रहा। पुलिसवाले सिविल ड्रेस में तफ़्तीश में जुट पड़े। भीड़ में नये-नये चेहरे आन खड़े थे। घटना जो ऐसी हो गयी थी।

श्मशान में लाश फूँकने सभी चल दिये। नंगी लाश देखनेवालों के मुख से उफ़ तक न निकल सकी और लाश गाँव के श्मशान में फूँक दी गयी।

परन्तु पुलिस पोस्टमार्टस की रिपोर्ट देखकर हरकत में आ गयी थी।

मामला हत्या का है या आत्महत्या का? इसी को सुलझाने में जुटी थी।

पुलिस की सूँघ कुत्ते की सूँघ से ज़्यादा होती है, अगर सूँघने पर आ जाये तो, वर्ना तो रिपोर्ट होने पर कौन परवाह करता है।

मामला भी तो संगीन था, उस पर गाँव का प्रधान। पुलिस को हरकत में आना ही था।

शक की सुई गाँव पर जा टिकी थी। गाँव के लोग पत्ते-सा थर-थर काँपने लगे थे। मानों ज़ुबान को लकवा मार गया हो।

तफ़्तीश करते-करते पुलिस की गाज़ अतरो पर जा गिरी।

तभी पुलिस ने अतरो को हिरासत में ले लिया।

अतरो को थाने में चलकर बयान देने को कहा। गाँव की लड़की को थाने में जाता देख गाँव के लोग एक होने लगे थे।

गाँव के एकत्रित लोगों ने समवेत स्वर में कहा, "दरोग़ा जी जो बयान लेना है, यहीं गाँव के सामने लो। सातों जमात की बेटी गाँव की धी-बेटी होती है।"

तभी दरोग़ा तुनककर बोला, "चिन्ता मत करो। बयान लेकर इसे छोड़ देंगे। दो-चार आदमी चलना चाहो तो चलो।"

"परन्तु गाँव में आज तक ऐसा न हुआ था, जो गाँव की लड़की बयान देने थाने-कचहरी जाये।"

"बहन-बेटी तो सबके है।"

तभी अतरो तिड़क कर बोली, "दरोग़ा जी, बयान चाहिए।" अतरो की बात सुन गाँव वाले पत्थर के बुत हो चले थे। भरतरी और कमला का तो लहँगा ही गीला हो चला था।

तभी अतरो दहाड़कर बोली, "गाँव वालो...और सिपईया तू भी सुन। बयान चाहिए, जरूर दूँगी। ज़रा रुक।"

ज्योंही अतरो अपने घर की ओर दौड़ी तो पुलिस पीछे-पीछे दौड़ चली। कहीं...।

तभी गाँव के सरपंच ने कहा, "दरोग़ा जी, पीछे मत दौड़ो।"

और दरोग़ा वहीं टट्टू सरीखे ठिठककर रहा गया।

जैसे ही अतरो काग़ज़ का बंडल लेकर आयी, दरोग़ा की बाँछें खिल गयीं।

अतरो जंगल-सी उगी भीड़ के बीच आकर बोली, "गाँव वालो, सुनो। दरोग़ा को बयान चाहिए तो सुनो मेरा बयान।"

अतरो ने काग़ज़ के बंडल में से निकालकर राजेन्द्र का कटा हुआ पुरुषत्व लहरा दिया।

सत्यप्रकाश

5 जनवरी 1962 को उत्तर प्रदेश के बुलन्दशहर में जन्मे सत्यप्रकाश ने अर्थशास्त्र और हिन्दी विषयों में एम.ए. किया है। विविध स्नातक के रूप में अध्ययन करते हुए उद्योगवाणी तथा अंगुत्तर त्रैमासिक का सम्पादन भी किया है। सत्यप्रकाश जी का 'चन्द्रमौलि का रक्तबीज' उपन्यास भी प्रकाशित हो चुका है। सत्यप्रकाश जी को भारतीय दलित साहित्य अकादेमी द्वारा अम्बेडकर फैलोशिप सम्मान से भी सम्मानित किया गया है। 'दलित ब्राह्मण' सत्यप्रकाश जी की चर्चित कहानी है। सम्प्रति वे कृषि मन्त्रालय, नयी दिल्ली में सहायक निदेशक के पद पर कार्यरत हैं।

दलित ब्राह्मण

सत्यप्रकाश

"समाज! समाज!! क्या दिया है समाज ने मुझे? क्यों परवाह करूँ मैं समाज की?" आवेश में आ गये थे विजयरंजन कुरील।

"महत्त्वपूर्ण यह है बन्धु कि आपने समाज को क्या दिया? जबकि आपमें सामर्थ्य है।" शिवदत्त ने गम्भीर होकर पूछा।

गौरीशंकर माहेश्वरी चुपचाप वार्तालाप सुन रहे थे। यूँ भी वह कम ही बोलते थे, किन्तु जब बोलते थे तो सटीक।

ये तीनों भद्रजन भारत सरकार में उच्चाधिकारी हैं। हर शाम को केन्द्राचल के पार्क में गप-शप करने आ जाते हैं। यूँ गौरीशंकर माहेश्वरी हिन्दू थे। शेष दोनों दलित थे। धर्म के पैमाने से शिवदत्त बौद्ध थे, किन्तु विजयरंजन का धर्म उन्हें स्वयं ही मालूम न था। वैसे उन्हें धर्म के नाम से ही चिढ़ थी, लेकिन तीनों की मित्रता में धर्म कोई अवरोध न था।

"क्यों, सारा दायित्व मेरा ही है क्या? समाज को मेरी चिन्ता क्यों नहीं होनी चाहिए।" कुरील साहब का आवेश थमा नहीं था।

"देखिए बन्धु, आज मैं या आप जिस पद पर हैं, हमें वहाँ पहुँचाने में समाज ने भी त्याग किया। उसका भी योगदान है इसमें। अहम भूमिका निभाई है सामज ने उसमें। हमें अपने सामाजिक दायित्वों को कदापि न भूलना चाहिए। उसके हितों की रक्षा के प्रति कटिबद्ध होना चाहिए।" शिवदत्त साहब ने चश्मा साफ़ करते हुए समझाया।

"चलिए मान लिया, लेकिन वैसे एक बात बताऊँ आपको। मैंने अपने कार्यालय में ऐसा माहौल बना दिया है कि क्या मजाल है कि मेरे सामने कोई जात-पाँत की बात भी कर जाये। वैसे भी अब जात-पाँत रह ही कहाँ गया है समाज में। चलिए अब आप माहेश्वरी साहब से पूछ लीजिए।"

"व्यक्तिगत रूप में तो मैंने अपने परिवार में यह भावना कभी नहीं देखी।

मेरे पिताजी ने तो इसके खिलाफ आन्दोलन भी चलाया था। लेकिन जहाँ तक ओवरआल की बात है तो आज ये चीजें और बढ़ रही हैं। जाति, वर्ग, धर्म, सम्प्रदाय के नाम प्र वैमनस्य बढ़ रहा है। फ़र्क़ इतना है जातीय घृणा लोगों में पहले बाहर थी? अब अन्दर है। खाली छुआछूत खत्म होने का मतलब ये थोड़े ही है कि जात-पाँत या जातीय घृणा खत्म हो गयी। गौरीशंकर माहेश्वरी ने स्पष्ट किया।

"नहीं मैंने अपने कार्यालय की बात बताई आपको।"

"कुरील साहब, समाज और दुनिया कार्यालय और कानपुर के बाहर भी है। गाँवों का हाल जाकर देखिए।" माहेश्वरी ने समझाया।

"लेकिन माहेश्वरी साहब..."

"अरे कानपुर से क्या केन्द्राचल से ही बाहर निकाल आओ।"

"आप भी माहेश्वरी साहब, कभी-कभी...।"

"देखो भई, ये इफ्स एंड बट्स लगाने की तो हमारी आदत है नहीं। कोई चीज है तो है। दफ्तर में आप जिस स्तर पर हैं, कोई क्या बिगाड़ लेगा आपका जाति के नाम पर? उलटे आफ़त आ जायेगी। अब आप ही ईमानदारी से एक बात बताओ। आज भी जब हम इस स्तर पर और इस विषय में चर्चा कर रहे हैं तो समस्या कहीं-न-कहीं है ना यार।"

"नहीं मैं जो कहना...।"

"अच्छा खैर छोड़ो। कोई और टॉपिक शुरू करो। आप मानेंगे थोड़े ही इतनी आसानी से।"

"अरे वो बात नहीं माहेश्वरी साहब।"

"अब छोड़ो भी यार। अच्छा ये बताओं, आज देर कैसे हो गयी, दफ्तर में ही लटक गये थ या घरवाली से झगड़ा कर बैठे।" कहकर जोरों का परिचित ठहाका लगाया गौरीशंकर माहेश्वरी ने।

"अरे ऐसा-वैसा कुछ नहीं है। दरअसल बात ये है कि वो हैं ना अग्रवाल साहब, आज घर पर ही आ गये थे।"

"कोई काम था उनका या फिर ऐसे ही मेल मुलाकात के लिए आये थे।" माहेश्वरी ने पूछा। "अरे ऐसे मिलने-विलने कोई नहीं आता मुझसे। गन्ना दबकर ही रस देता है, समझे साहब।"

"मतलब, असली बात नहीं बताओगे।"

"बताने को आप लोगों से क्या छिपा है? असल में आज अग्रवाल के यहाँ डी.पी.सी. थी क्लर्क ग्रेड की।"

"मैं जानना चाहता हूँ कि से अग्रवाल आपके घर क्यों आया था।' शिवदत्त साहब बीच में ही बोल पड़े।

"अरे यार, मुर्दा जब बोलेगा तो कब्र फाड़ेगा।" कुरील साहब झुँझलाते हुए बोले।

नहीं, मैं जो पूछ रहा हूँ बताने में हर्ज क्या है?"

"डी.पी.सी. में एस.सी./एस.टी. का एक सदस्य होना जरूरी है न। बहुत से कार्यालयों की तरह अग्रवाल के यहाँ भी हमारा कोई अधिकारी नहीं है। इसलिए कई दफ़्तरवाले मुझे बुलाते हैं। आप भी तो कई दफ्तरों में जो हो यार। अग्रवाल बेचारा प्रशासनिक अधिकारी है, जब भी फँसता है, बच्चा मुझे ही याद करता है।"

"अरे ये तो मैं भी जानता हूँ। आप नयी बात क्या बता रहे हैं? मैंने पूछा था, अग्रवाल घर किसलिए आया था?"

"अरे यार, ख़ासतौर से आप सुनो शिवदत्त जी, फिर तुम्हें बुरी लग जायेगी। मैं, आपकी तरह दब्बू अधिकारी नहीं हूँ। मैं आज तक एक भी डी.पी.सी. की बैठक में नहीं गया। मैं तो साफ कह देता हूँ। फ़ाइल घर भेज देना। अब जिसे जरूरत होती है सारी फ़ाइल तैयार करके घर लाता हूँ। अरे दो कप चाय ही तो पिलानी पड़ती है सालों को। घण्टों बिठाता हूँ, तब जाकर हस्ताक्षर करता हूँ। खुशामद भी करते हैं? चढ़ावा भी चढ़ाते हैं। वो भी खुश, हम भी खुश। समझ गये साहब या और खोलकर बताऊँ।" कुरील साहब ने अपनी स्थिति स्पष्ट करके सन्तोष की साँस ली।

शिवदत्त साहब और माहेश्वरी साहब कुरील साहब की ओर आश्चर्य से देखने लगे। माहेश्वरी चुप्पी साध गये। किन्तु शिवदत्त साहब के पेट में बड़ा भारी दर्द होने लगा। जब उनसे बिलकुल न रहा गया तो पूछ लिया, "जब आप डी.पी.सी. में जाते ही नहीं हैं। फाइलें पढ़ते नहीं हो। टेक्नीकल होने के नाते रूल-रेगुलेशन की बैकग्राऊंड है नहीं आपकी, फिर जिस समाज के हितों की रक्षा के लिए आपको प्रतिनिधि बनाया जाता है, उनका इंटरेस्ट कैसे वाच करते हो आप? किसके साथ अन्याय हो रहा है, कैसे पता चलता है आपको?"

"फिर वही समाज? लगता है शिवदत्त जी आप आज बिलकुल पीछा छोड़ने वाले नहीं आज। भाई साहब मैंने एक-एक को हड़काकर रखा हुआ है। कह रखा है, कहीं कोई गड़बड़ी हुई तो बख़्शनेवाला नहीं हूँ। हालाँकि ये अग्रवाल बड़ा काँइयाँ आदमी है। भाई साहब वह जूते की नोक पर रखता है अपने कार्यालय में एस.सी./एस.अी. स्टाफ को, लेकिन मेरे सामने मुँह खोलने की हिम्मत नहीं है उसकी। जानता है ना, दो मिनट में टिल्लू फिट कर देगा कुरील।"

"बिना मुँह खोले ही काम चले तो मुँह खोलकर मूर्खता क्यों दिखाई जाये? नकली गूँगे हाथ में चाँदी का जूता लेकर चलते हैं।"

"फिर उल्टी-सीधी बातें करने लगे आप। आखिर हमें स्टेटस का भी ध्यान रखना चाहिए। ये सड़कछाप बातें मुझे पसन्द नहीं। मैंने क्या ठेका ले रखा है सबका? समझाइए यार महेश्वर जी इन्हें, चालीस से पहले ही सठिया रहे हैं। अरे व्यवस्था भी तो कोई चीज़ है। गड़बड़ करेंगे तो सरकार नाक में दम कर देगी इन लोगों के। क्या उन्हें अपनी नौकरी प्यारी नहीं है। और फिर बिहाइंड द बार भी हो जाता है आदमी इन कामों में। हाँ यार, पता-वता कुछ नहीं और...।"

"यार, कुरील साहब मुझे तो ऊबकाई आ रही है आपकी बातें सुनकर।" माहेश्वरी साहब बिना लाग लपेट के बोले।

"माहेश्वरी साहब आप भी...।"

"आप भी क्या यार!"

"क्यों जनाब।"

"अच्छा एक बात बताओ। आप अभी-अभी व्यवस्था की बात कर रहे थे। व्यवस्था के तहत ही तो आपको दलितों का प्रतिनिधि बनाया गया है। आमतौर पर अब तक ब्राह्मणों पर यह आरोप लगता रहा है कि उन्होंने दलित समाज के साथ अन्याय किया है। सही-गलत तो विवाद का विषय हो सकता है, लेकिन आज अगर कहीं अन्याय होता है तो आप ही तो उसे सरकार के ध्यान में लायेंगे। अगर आप ऐसा नहीं करते हैं, तब आप भी तो उनके लिए ब्राह्मण ही हुए। शोषण कोई भी करे, फर्क क्या पड़ा।" माहेश्वरी साहब ने समझाया।

"फर्क तो खैर बहुत पड़ गया माहेश्वरी साहब, हम ब्राह्मणों या दूसरे सवर्णों की आलोचना और शिकायत कर लेते थे। उन्हें कोस लेते थे कि वे हमारे साथ अन्याय कर रहे हैं। वे हमारा भला नहीं चाहते। इसलिए हमें हर क्षेत्र में प्रतिनिधित्व चाहिए। अब चूँकि कुरील साहब भी दलित हैं, इन महाशय की शिकायत हम उस रूप में नहीं कर सकते।" शिवदत्त साहब की आवाज में दर्द था।

"हाँ, ये दलित ब्राह्मण हो गये। आम एस.सी./एस.टी. को क्या फर्क पड़ा।" माहेश्वरी साहब ने चुटकी ली।

"तो श्रीमान जी, क्या मैं अपना काम छोड़कर तीन-तीन, चार-चार घण्टे डी.पी.सी. में ही खराब करता रहा करूँ। यही काम रह गया है बस मुझे?" कुरील साहब झुँझलाते हुए बोले।

"तो मत जाया करो आप डी.पी.सी.। ये कौन-सा मैंडेटरी है? माहेश्वरी साहब ने तपाक से कहा।

"हमने तो ये ही देखा ज़िन्दगी में माहेश्वरी जी कि अपना ही अपने को काटता है।"

"अरे सुनो भी! क्यों धरती को धकेल रहे हो।" शिवदत्त जी बोले।

"अब देख लीजिए, शिवदत्त जी आप बड़ा फेबर करते हैं इनका। इसलिए मुझे इन पर गुस्सा आता है और इसीलिए मैं इनसे दूरी बनाये रखता हूँ और न इनका कोई काम करता हूँ। अब तो बिलकुल नहीं करूँगा। लेकिन मैं ऐसे नालायकों को ऐसे सस्ते में छोड़नेवाला नहीं हूँ। बस जरा हेडक्वार्टर से पता लगा लूँ पहले कि ये गद्दार, समाजद्रोही था कौन?" कुरील साहब गुस्से में बोले जा रहे थे।

माहेश्वरी साहब ने बीच में टोककर कहा, "इसमें हेडक्वार्टर से पता करने की क्या बात है कुरील साहब? मैं आपको यहीं बता देता हूँ, कौन था?"

"अरे हाँ, सर आप तो दिल्ली भी रहे हैं। पास में ही आपका ऑफिस है। मैं तो भूल ही गया। मूड खराब है न, हाँ, कौन हो सकता है? सर, बताइए जरा।" कुरील साहब ने जिज्ञासा प्रकट की।

"और कौन होगा कुरील साहब, होगा कोई दलित ब्राह्मण।" माहेश्वरी साहब के मुँह से यन्त्रवत निकल गया, हालाँकि वे कहने के तुरन्त बाद ही अन्दर-ही-अन्दर अपनी साफगोई पर दुःखी हो रहे थे।

सुनते ही कुरील साहब का चेहरा पीला पड़ गया। काटो तो खून नहीं। ठगे से खड़े रह गये कुरील साहब। कुछ भी कहते न बन पड़ा। शिवदत्त जी ने कुरील साहब के कन्धे पर हाथ रखते हुए कहा, "चलो कुरील साहब, घर चलो। निकालना ही होगा कोई-न-कोई तरीका इन दलित ब्राह्मणों से निपटने का।"

❑❑